城市道路交通组织设计
系列手册

HANDBOOK OF
TRAFFIC OPERATION DESIGN
FOR URBAN ROAD WORK

城市道路施工作业交通组织设计手册

公安部交通管理科学研究所
编著

机械工业出版社
CHINA MACHINE PRESS

《城市道路施工作业交通组织设计手册》总体内容分为"基本概念篇""基本方法篇"和"综合应用篇"三个部分，着重从城市道路施工过程中对施工区时空资源进行精细化交通组织设计方面，介绍改善通行安全、提高通行效率、规范交通秩序的基本原理、方法策略及经验做法。具体内容包括施工区分类、施工区交通设施调查与评价、施工区交通组织设计理论体系、一般道路施工区交通组织设计、快速路施工区交通组织设计、城市桥梁施工区交通组织设计、城市隧道施工区交通组织设计、施工作业车辆管理、施工作业区交通管理技术等。书中提供了大量成功的实际应用案例，为城市道路施工区交通组织设计方法的落地应用提供了借鉴和参考。本手册可供交通管理部门、大专院校、科研院所、设计咨询公司等单位的专业人员阅读参考。

图书在版编目（CIP）数据

城市道路施工作业交通组织设计手册 / 公安部交通管理科学研究所编著. — 北京：机械工业出版社，2023.12

（城市道路交通组织设计系列手册）

ISBN 978-7-111-74793-2

Ⅰ.①城⋯　Ⅱ.①公⋯　Ⅲ.①城市道路 – 道路施工 – 交通运输管理 – 手册　Ⅳ.①U491-62

中国国家版本馆CIP数据核字（2024）第006329号

机械工业出版社（北京市百万庄大街22号　邮政编码100037）
策划编辑：李　军　　　　　责任编辑：李　军　刘　煊
责任校对：郑　婕　陈　越　责任印制：刘　媛
北京中科印刷有限公司印刷
2024年2月第1版第1次印刷
184mm×260mm·16.25印张·2插页·322千字
标准书号：ISBN 978-7-111-74793-2
定价：159.00元

电话服务　　　　　　　　　网络服务
客服电话：010-88361066　　机　工　官　网：www.cmpbook.com
　　　　　010-88379833　　机　工　官　博：weibo.com/cmp1952
　　　　　010-68326294　　金　书　网：www.golden-book.com
封底无防伪标均为盗版　　　机工教育服务网：www.cmpedu.com

"城市道路交通组织设计系列手册"

指导委员会

主　任：李江平

副主任：李　伟　　王长君　　孙正良

委　员：李　辉　　韩书君　　黎　刚　　王　健
　　　　刘东波　　戴　帅　　曹长剑　　马万经
　　　　陆　建　　李瑞敏　　金　盛　　姜文龙
　　　　张水潮　　戴继锋　　顾金刚

《城市道路施工作业交通组织设计手册》

编撰委员会

主　编： 赵振科　公安部交通管理科学研究所
　　　　　杨　达　西南交通大学

副主编： 张　南　西南交通大学
　　　　　祖永昶　公安部交通管理科学研究所
　　　　　刘　伟　重庆交通大学
　　　　　马　靖　重庆市公安局交通巡逻警察总队

参　编： 汤若天　公安部交通管理科学研究所
　　　　　卢　健　公安部交通管理科学研究所
　　　　　陈　帅　公安部交通管理科学研究所
　　　　　郑　煜　公安部交通管理科学研究所
　　　　　王运霞　公安部交通管理科学研究所
　　　　　李家顺　重庆市市政设计院
　　　　　欧阳磊　重庆市市政设计院
　　　　　郑　斌　西南交通大学
　　　　　叶彭姚　西南交通大学
　　　　　郭彦锐　西南交通大学
　　　　　陈姝伶　西南交通大学

前 言

随着我国城市社会经济的快速发展以及城镇化进程的不断推进，城市道路交通量迅速增长，交通拥堵、交通事故、环境污染等问题日益加剧，制约了城市的社会经济发展。2015年召开的中央城市工作会议明确提出，要加强城市精细化管理，着力解决城市病等问题。为深入贯彻中央城市工作会议精神，推动治理交通拥堵、出行难、停车难等"城市病"，公安部等四部委决定进一步创新城市道路交通管理模式，从2017年起在全国组织实施"文明畅通提升行动计划"，并明确提出"交通组织提升工程"等五大主要任务措施。2023年公安部在全国大力实施"城市道路交通精细化治理提升行动"，要求用"绣花"的功夫完善管理、科学治理、优化服务。在此背景下，有必要组织编撰具有中国特色的城市道路交通组织设计手册，用于科学指导各地的城市道路交通拥堵治理工作。

本分册为《城市道路施工作业交通组织设计手册》，着重从城市道路施工过程中对施工区的时空资源进行精细化交通组织设计方面，介绍改善通行安全、提高通行效率、规范交通秩序等的基本原理、方法策略及经验做法。具体内容包括城市道路施工区分类、施工区交通调查与评价、施工区交通组织设计理论体系、一般道路施工区交通组织设计、快速路施工区交通组织设计、城市桥梁施工区交通组织设计、城市隧道施工区交通组织设计、施工作业车辆管理、施工作业区交通管理技术等。书中提供了大量成功的实际应用案例，为施工区交通组织设计方法的落地应用提供了借鉴和参考。

本分册编撰工作由公安部交通管理科学研究所牵头，联合西南交通大学、重庆交通大学、重庆市公安局交通巡逻警察总队、重庆市市政设计研究院有限公司等单位共同完成。在编撰过程中，从需求调研、素材收集、案例整理，到编辑整合、汇编成册，各单位分工合作、反复研修，付出了很大的努力和心血，在此衷心表示感谢！成都天佑衡致交通规划设计有限公司、广东振业优控科技股份有限公司等单位为本手册提供了大量成功的实战案例，成都、泸州、德阳、内江、资阳、宜宾、南充等公安交管部门在技术应用方面提供了很多帮助，在此也表示感谢！同时，还要对引用参考的所有文献的作者表示感谢！

本手册的编撰和出版得到了公安部交通管理局的大力支持，在此表示衷心的感谢！

由于编著者水平有限，书中难免出现疏漏和不当之处，敬请读者批评指正！

编著者

2023年10月

目 录

前言

第一部分　基本概念篇

第1章　概　述 ...002
1.1　目的与意义 ...002
1.2　定义与范围 ...003
 1.2.1　施工作业区组成 ...003
 1.2.2　施工影响区组成 ...006
 1.2.3　施工区分类方法 ...006

第2章　施工区交通组织设计基础 ...010
2.1　交通组织设计流程 ...010
2.2　施工区交通影响范围的确定 ...013
2.3　交通设施调查与评价 ...015
 2.3.1　土地利用调查分析 ...015
 2.3.2　道路交通设施调查分析 ...016
 2.3.3　行人设施调查分析 ...020
 2.3.4　公共交通调查分析 ...021
2.4　交通运行状况调查与评价 ...022
 2.4.1　交通流量调查分析 ...022
 2.4.2　路段交通服务水平评价 ...024
 2.4.3　交叉口交通服务水平分析 ...028
 2.4.4　公共交通状况分析 ...029
 2.4.5　行人及非机动车交通状况分析 ...030
2.5　其他相关调查与评价 ...032

第3章　施工区交通组织设计理论体系 ...033
3.1　施工区交通组织设计原则 ...033
3.2　施工区交通组织设计要求 ...034
3.3　施工区交通组织设计思路 ...035
3.4　施工方式与交通组织设计的关系 ...036

第二部分　基本方法篇

第4章　一般道路施工区交通组织设计 ...040
4.1　路段施工区交通组织设计 ...040
 4.1.1　全封闭路段 ...040
 4.1.2　半幅及部分封闭路段 ...047
 4.1.3　移动性作业 ...053
4.2　平面交叉口施工区交通组织设计 ...054
 4.2.1　进出口道施工区 ...057
 4.2.2　横跨式施工区 ...063
 4.2.3　中心施工区 ...065

第5章　快速路施工区交通组织设计 ...068
5.1　快速路施工交通组织的特点 ...068
5.2　快速路的施工占道类型及交通组织要点 ...069
 5.2.1　快速路占道施工的类型 ...069
 5.2.2　快速路施工占道的组织要点 ...070
5.3　快速路占道施工车道封闭的设施设置 ...071
 5.3.1　快速路部分车道封闭施工作业区的设施设置 ...072

5.3.2　快速路全部车道封闭施工作业区的
　　　　　设施设置　　　　　　　　　　　…073

第6章　城市桥梁施工区交通组织设计　…074

6.1　城市桥梁施工交通组织特点　　　　…074
6.2　城市桥梁施工交通组织原则　　　　…075
6.3　城市桥梁施工的交通组织方法及
　　　设施设置　　　　　　　　　　　　…075
　　6.3.1　城市桥梁全封闭及半幅封闭施工　…075
　　6.3.2　城市桥梁部分封闭施工　　　　　…079
6.4　城市桥梁施工区域交通组织优化　　…081

第7章　城市隧道施工区交通组织设计　…082

7.1　城市隧道施工交通组织特点　　　　…082
7.2　城市隧道施工交通组织的要点及原则…083
　　7.2.1　城市隧道施工交通组织的要点　　…083
　　7.2.2　城市隧道施工交通组织的原则　　…084
7.3　城市隧道施工的交通组织方法及设施
　　　设置　　　　　　　　　　　　　　…085
　　7.3.1　整体式隧道施工的交通组织方法及
　　　　　设施设置　　　　　　　　　　　…086
　　7.3.2　分离式隧道施工的交通组织方法及
　　　　　设施设置　　　　　　　　　　　…091

第8章　施工作业车辆管理　…094

8.1　施工作业车　　　　　　　　　　　…094
8.2　安全设施配备　　　　　　　　　　…094
8.3　施工区进出管理方式　　　　　　　…095

第9章　施工作业区交通管理技术　…096

9.1　施工道路行人车辆避撞预警系统　　…096
9.2　道路施工作业区自适应限速提示系统…097

9.3　施工区交通管理系统　　　　　　　…098
9.4　施工区交通仿真技术　　　　　　　…099

第三部分　综合应用篇

第10章　路段施工区交通组织设计实例　…108

10.1　路段分阶段施工交通组织设计实例…108
　　10.1.1　施工项目概述　　　　　　　　…108
　　10.1.2　施工交通影响分析　　　　　　…113
　　10.1.3　交通组织优化思路　　　　　　…117
　　10.1.4　交通组织优化措施　　　　　　…118
10.2　路段全断道施工交通组织设计实例…132
　　10.2.1　施工项目概述　　　　　　　　…132
　　10.2.2　施工期交通影响分析　　　　　…139
　　10.2.3　施工期交通疏解方案　　　　　…146

第11章　交叉口施工区交通组织设计实例　…152

11.1　施工项目概述　　　　　　　　　…152
11.2　施工期交通影响分析　　　　　　…157
11.3　交通组织优化思路　　　　　　　…164
11.4　交通组织优化措施　　　　　　　…165

第12章　多条道路分期施工交通组织设计实例　…171

12.1　项目概述　　　　　　　　　　　…171
　　12.1.1　项目背景　　　　　　　　　　…171
　　12.1.2　方案目标　　　　　　　　　　…173
12.2　施工阶段划分原则　　　　　　　…173
　　12.2.1　时间划分原则　　　　　　　　…173
　　12.2.2　空间划分原则　　　　　　　　…174
　　12.2.3　各阶段交通组织方案研究重点　…174
12.3　施工阶段划分方案　　　　　　　…174

第13章 快速路施工区交通组织设计实例 ...178

13.1 项目概述 ...178
13.1.1 项目背景 ...178
13.1.2 项目范围 ...179

13.2 交通现状调查分析 ...179
13.2.1 施工路段及外围路网情况 ...179
13.2.2 施工路段交通运行情况 ...181
13.2.3 外围道路交通运行情况 ...184
13.2.4 周围可分流路径分析 ...185
13.2.5 交通现状分析结论 ...186

13.3 施工期交通组织方案 ...187
13.3.1 基本路段交通组织方案 ...187
13.3.2 重点施工区域大桥交通组织方案 ...188

13.4 施工期交通影响分析 ...193
13.4.1 进出城方向影响分析 ...193
13.4.2 外围道路交通影响分析 ...194

13.5 施工安全保障措施及应急预案 ...195
13.5.1 交通组织设施 ...195
13.5.2 施工前期宣传措施 ...196
13.5.3 交通拥堵应急预案 ...196

第14章 隧道施工区交通组织设计实例 ...199

14.1 施工项目概述 ...199
14.1.1 项目简介及研究范围 ...199
14.1.2 交通组织原则及思路 ...200

14.2 项目及周边交通现状调查分析 ...200
14.2.1 项目及周边道路情况 ...200
14.2.2 项目及周边道路交通运行分析 ...201

14.3 施工交通组织设计方案 ...204
14.3.1 施工内容及工期安排 ...204
14.3.2 隧道涂料施工交通组织设计 ...205
14.3.3 隧道防火板施工交通组织设计 ...207

14.4 交通影响分析 ...208
14.4.1 隧道占两车道交通影响分析 ...208
14.4.2 隧道占1车道交通影响分析 ...209

14.5 施工期间交通安全保障措施 ...210
14.5.1 施工作业区标志 ...210
14.5.2 组织措施 ...211
14.5.3 交通应急预案 ...211

第15章 桥梁施工区交通组织设计实例 ...213

15.1 过河桥梁施工区交通组织设计实例 ...213
15.1.1 项目概述 ...213
15.1.2 区域道路交通现状分析 ...217
15.1.3 施工期交通影响分析 ...225
15.1.4 施工期交通组织设计方案 ...228

15.2 立交桥梁施工区交通组织设计实例 ...235
15.2.1 施工项目概述 ...235
15.2.2 项目周边现状分析 ...236
15.2.3 推荐交通组织方案 ...241
15.2.4 配套交安设施设计 ...248

参考文献 ...252

第一部分

基本概念篇

第 1 章
概 述

Chapter One

1.1 » 目的与意义

城市道路施工区交通组织设计是指根据国家标准规范，综合运用交通工程及系统工程理论技术，对施工作业区及其影响范围内的道路进行交通组织优化、交通设施设计、交叉口信号配时等，以规范上述区域内的道路交通秩序、保障区域内道路交通安全、提高道路交通运行效率、缓解施工过程引发的交通拥堵。

城市道路施工占用现有道路资源，会引起道路通行能力下降、交通流出行轨迹变化，甚至中断交通，从而引起道路交通拥堵，影响道路交通安全，改变人们出行路线和出行习惯。因此，需要进行交通组织设计，减少施工对道路交通的影响。

1. 施工区交通组织设计的目的

进行施工区交通组织能够协调施工区域内的施工车辆和社会车辆，保证行驶通畅与安全，通过采用现代化的管理方法和手段，科学地组织交通，调节疏导交通量，充分发挥路网的效能，是缓解交通供给与需求矛盾，降低施工负面影响，缓解局部交通压力的重要措施。

具体目的是针对施工区的交通特性提出施工区交通组织的思路、方法，减轻施工期间对交通造成的负面影响，充分发挥现有道路的效能，合理地协调局部利益和整体利益的关系，提供适宜的运行条件，解决施工区域道路系统中的交通流分布不均衡，流量和流向不合理的问题，缓解"阵痛期"的局部交通压力，确保施工期间交通的顺畅，为交通组织与管理提供技术支持。在从整体上把握施工区交通情况的基础上，通过交通仿真技术，为交通组织优化方案的制定提供科学依据。

2. 施工区交通组织设计的意义

本次编写的《城市道路施工作业交通组织设计手册》，系统性地介绍了城市道路交通组织设计的主要思路、工作流程、工作内容和技术要求，旨在为施工区交通设计人员提供规范化的技术指导，促进道路施工区交通条件、交通运行方式与交通流特征及需求相适应，以保障施工范围内道路上行人与车辆有序、安全流动；同时，指导城市一线交通管理者有效开展施工区交通工作，积极应对城市交通问题，努力打造良好的交通环境，促进城市交通管理水平不断提升，协调社会效益、环境效益与经济效益，体现以人为本、资源节约、环境友好的设计要求。

1.2 定义与范围

在城市交通环境下，道路施工区可以分为施工作业区和施工影响区。

施工作业区是指施工作业实际需要占用的道路空间。施工影响区是指由于施工引起周边路网上交通量的改变值达到了交通影响分析阈值，需要进行交通影响分析的区域。

1.2.1 施工作业区组成

按照国标 GB 5768.4—2017《道路交通标志和标线 第 4 部分：作业区》中的规定，施工作业区由警告区、上游过渡区、缓冲区、工作区、下游过渡区、终止区六大区域组成。施工作业区各组成部分如图 1-1 所示。

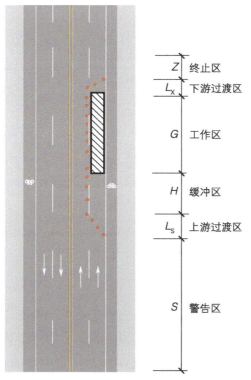

图 1-1 施工作业区组成部分

图 1-1 中 S 表示警告区，L_s 表示车道封闭的上游过渡区，H 表示缓冲区，G 表示工作区，L_x 表示车道封闭的下游过渡区，Z 表示终止区。

1）警告区：设置相应的限速、进入施工区域、车道变少、禁止通过等施工警告标志，提示驾驶人即将进入施工区域，提醒驾驶人注意路况，应对道路施工区状况，改变驾驶行为等。

2）上游过渡区：通过施工区的驾驶人接受道路状况及行驶条件的一个过渡区域，引导驾驶人进入允许通行区域。

3）缓冲区：驾驶人进行减速、并道等操作进入工作区路段的缓冲区域，同时为施工人员提供进出施工区域的安全通道。

4）工作区：实际进行道路施工、市政作业、交通管制等施工作业的区域，与道路可通行区域进行隔离，车辆及行人无法进入或通过。

5）下游过渡区：主要作用是引导交通流进入正常通行道路的区域。

6）终止区：施工区的终止及相关限制条件的解除，驾驶人准备进入正常道路，调整行驶路线、转换车道等。

首选作业区的限速值不应大于表 1-1 的规定，限速过渡的差值不宜超过 20km/h，超过时可采取逐级限速，每 200m 降低 20km/h。

施工作业区的警告区、上游过渡区、缓冲区、工作区、下游过渡区、终止区长度通过以下方法确定。

表 1-1 作业区限速值

设计速度 /（km/h）	限速值 /（km/h）
120	80
100	70
80	60
60	40
50、40、30	30
20	20

1. 警告区 S

从警告区第一个施工作业区标志开始，表明车辆进入施工作业区，警告区内的交通标志、标线等设施用来指导驾驶人改变驾驶行为，改变车辆行车状态。警告区长度受减速距离和安全距离的影响。根据国标 GB 5768.4—2017《道路交通标志和标线 第 4 部分：作业区》，警告区的最小长度不得小于表1-2所示数值。考虑到车辆是从正常道路驶入作业区的，因此警告区长度应根据道路设计速度而非作业区限速取值。

表1-2 警告区最小长度

设计速度/（km/h）	城市道路警告区/m
100	1000
80	100
60	40
50	40
40	40
30	40
20	40

2. 上游过渡区 L_s

上游过渡区长度根据施工作业占用道路宽度和设计车速确定，取值参见国标GB 5768.3—2009《道路交通标志和标线 第3部分：道路交通标线》渐变段长度的规定。当作业区位于隧道内，上游过渡区长度应适当延长。当作业区位于路肩时，上游过渡区可按照以上数值的三分之一选取。

3. 缓冲区 H

缓冲区的位置介于上游过渡区和作业区之间，分割交通区域和施工作业区域。当车辆产生意外或驾驶人操作判断出现错误，车辆直接从过渡区冲入作业区发生交通安全事故时，可以为失误车辆提供缓冲区域，为施工人员和施工车辆提供安全保证。施工缓冲区的最小长度取值参见国标GB 5768.4—2017《道路交通标志和标线 第4部分：作业区》，具体见表1-3，此处限制速度为作业区限速。

表1-3 施工缓冲区的最小长度

限制速度/（km/h）	缓冲区长度/m
20、30	15
40	40
60	80
80	120

4. 工作区 G

工作区指施工作业进行的区域，通常使用障碍物将外部车辆、行人与施工作业活动进行隔离，互不干扰，保证各自安全，车辆通过作业区时不得超车，只能跟驰行驶，以保证交通环境安全。工作区的长度应综合考虑交通延误和作业经济性来确定。

5. 下游过渡区 L_x

下游过渡区位于工作区下游，用于引导交通流进入正常通行道路。为了保证车辆通过作业区后，安全平稳地从作业区的相邻车道变道至正常车道，下游过渡区的长度不应小于道路缩减宽度。

6. 终止区 Z

终止区设置于交通控制区最末端区域，用于引导调整车辆的行驶状态，告知驾驶人施工作业区域已经结束，施工作业区限速解除，道路条件恢复正常，车辆可以正常行驶。最小长度取值参见GB 5768.4—2017《道路交通标志和标线 第4部分：作业区》，具体见表1-4。

表 1-4 施工终止区的最小长度

限制速度 /（km/h）	终止区长度 /m
$v \leqslant 40$	$10 \leqslant l \leqslant 30$
$v > 40$	$l = 30$

1.2.2 施工影响区组成

根据施工区对周围区域交通影响的大小，施工影响区由直接影响区和关联影响区组成。

直接影响区是指由施工打围占用道路使交通通行空间直接减少的区域，即施工作业区所在路段及上下游交叉口。交通影响程度主要取决于占道施工围挡面积与位置等。

关联影响区是指未被实际占用道路资源，但由于施工影响需要在该区域进行交通影响分析和交通组织设计的区域。该区域是缓解施工区域交通压力的分流区域，与施工路段相平行并具有一定交通替代作用的道路及交叉口组成的区域，它们需要起到分散施工路段交通流的作用。

1.2.3 施工区分类方法

城市道路施工区按照占用道路空间大小、施工作业区所在区域、施工作业类型、施工时间分为不同的类别。

1. 按照道路施工作业区占用道路空间大小分类

（1）全封闭占路施工

它是指占用所有路面空间进行道路施工，车辆禁止通行，其中路面包括机动车道和非机动车道。包括道路红线内空间全部占用，或者仅人行道空间未被占用。全封闭式道路施工区对该区域的交通影响较大，绕行措施也增加了周边道路的交通压力，易造成大面积区域的交通堵塞。除大型施工作业或短时间施工作业外，不建议采用全封闭施工方式。道路全封闭作业时，应充分利用附近的既有道路，提供科学合理的绕行方案。

（2）半幅封闭占路施工

它是指整体路面宽度一半及以上的空间被占用进行施工作业，剩余路面空间至少可以满足机动车辆单车道通行，如图1-2所示。半幅封闭占路施工时，单侧人行道可能被占用。

（3）部分封闭占路施工

它是指部分车道被占用进行施工作业，占用空间未达到半幅道路宽度，如图1-3所示。人行道空间被占用施工，行人需要占用现有机动车或非动车道通行的也属于该类。

（4）不封闭式占路施工

它是指施工区域不在路面范围内，对路面行车不造成干扰，对现有的道路资源占用程度以及道路交通的影响程度很低，对既有交通的出行线路和习惯不产生影响的施工形式，如图1-4所示。如仅占用人行道施工，又保留了必要的行人通行空间。

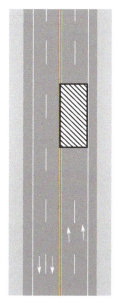  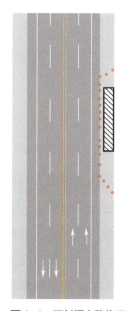

图1-2　半幅封闭占路施工　　图1-3　部分封闭占路施工　　图1-4　不封闭占路施工

2.按照道路施工区所在区域分类

按照道路施工区所在路网中的位置，可以将道路施工区分为交叉口施工区、路段施工区、快速路施工区、特殊区域（包括隧道、桥梁、立交、下穿）施工区。

1）交叉口施工区指的是在道路交叉口范围内形成施工作业的区域，交叉口范围与国标 GB 50647—2011《城市道路交叉口规划规范》的 3.4 条中规定的交叉口范围一致。具体可分为以下几种。

①进出口道施工：施工作业区仅占用交叉口进出口道，未占用交叉口内部空间，如图 1-5 所示。

②横跨式施工区：是指施工作业区从进出口道延伸至交叉口内部。如图 1-6 所示，横跨式施工区会使交叉口内机动车流的通行空间被挤压，相交道路车辆会绕行施工区通过交叉口，机动车流会以 S 形轨迹行驶。再加上原有非机动车过街通道和人行横道会被占用，非机动车和行人过街被干扰，在交叉口内会造成大量冲突，直接影响车辆通行效率及交叉口的通行能力。

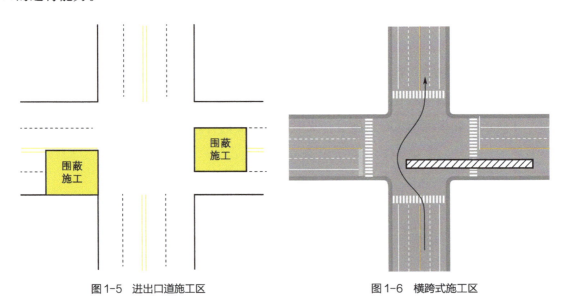

图 1-5 进出口道施工区　　　　图 1-6 横跨式施工区

③中心施工区：在交叉口中心区设置施工区的形式为中心施工区，如图 1-7 所示。与横跨式不同的是，中心施工区并没有占用非机动车过街通道和人行横道，但机动车流会形成 S 形行驶轨迹，向外挤压非机动车和行人过街空间，从而产生冲突。这类施工区对交叉口通行能力的影响，与其在交叉口内的位置和施工区的大小等因素都有直接关系。

交叉口三类作业区，可能出现在同一交叉口施工作业的不同阶段。

2）路段施工区是指施工作业区未占用交叉口范围，具体可细分为位于道路中间的路中型路段施工区，及位于道路两侧的路侧型路段施工区。

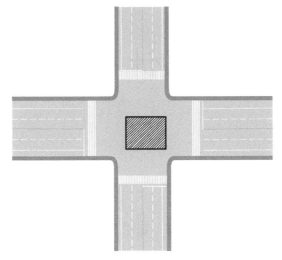

图1-7 中心施工区

3）快速路施工区是指在快速路上设置的施工作业区，具体可细分为主线占路施工区和匝道占路施工区。

4）特殊区域施工区。包括在立交、隧道、桥梁、下穿等区域设置施工作业区。特殊区域的施工更不便于进行交通组织，交通流的分流问题比较难以解决，本书中特殊区域的交通组织设计有专门章节进行讲解。

3. 按照施工作业类型分类

按照施工作业类型，可以将道路施工区分为以下两类。

1）固定作业施工区：在确定的地点进行施工作业，并且不会产生施工区域的移位。

2）流动作业施工区：根据施工进展和场地需求，间歇或连续地移动施工地点的施工作业方式。

4. 按照施工时间分类

按照施工时间，可以将道路施工区分为以下三类。

1）长期道路施工区：在一个地点设置作业区、实施作业区以及拆除作业区的时间总和大于24h的作业区。

2）短期道路施工区：在一个地点设置作业区、实施作业区以及拆除作业区的时间总和大于4h且小于24h的作业区。

3）临时道路施工区：在一个地点设置作业区、实施作业区以及拆除作业区的时间总和大于30min且小于或等于4h的作业区。

第2章
施工区交通组织设计基础

Chapter Two

2.1 » 交通组织设计流程

施工区域交通组织设计流程图如图 2-1 所示。

1. 施工建设工程资料调查

道路施工作业交通组织方案设计之前应进行建设工程资料调查。调查内容包括施工道路现状、工程设计方案和施工作业方案。

根据建设工程资料，初步确定施工影响范围，对影响范围内道路交通状况进行调查。调查内容包括道路交通设施、路网交通流量和公共交通状况等，分析现有道路施工作业方案对道路交通的影响。若对道路交通影响较大，应改进施工方案。

2. 交通调查分析

根据设计中要求确定路口、路段、片区或城市区域的设计范围，然后对设计范围内的道路交通情况进行调查和分析，内容主要如下。

1）道路网规划、道路类型、道路属性、在路网中的作用。

2）新建道路通过交通预测，在用道路通过现场调查，分析道路交通流分布、交通负荷等情况。

3）交通事故情况、交通违法情况、交通管理措施等。

4）交通标志、标线、信号灯、隔离设施等交通管理设施设置和使用情况。

5）公交线路、公交站点等交通服务设施运行情况。

6）设计范围内或附近交通吸引源和发生源相关情况。

7）群众的交通需求和对现状的反映。

8）交通管理部门的需求。

3. 确定设计目标

基于交通调查分析，确定交通流组织设计的目标。目标应当具体、可实现、可评价，

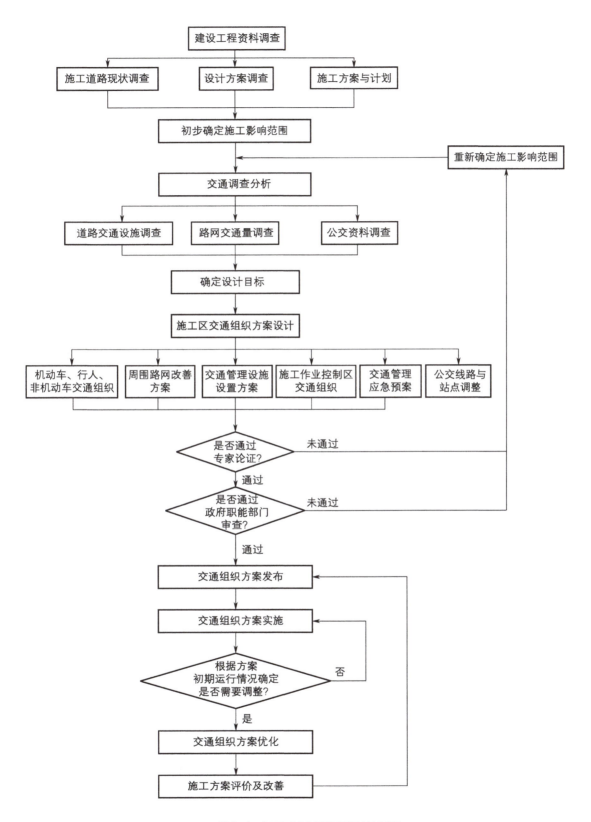

图 2-1 施工区域交通组织设计流程图

采用定性和定量相结合的方式描述。施工区交通流组织设计的目标应反映保证交通安全、规范交通秩序、提升交通效率或缓解交通拥堵等需求。

4. 施工区交通组织设计

交通组织设计方案应由道路施工业主委托具有交通工程咨询资质的设计单位完成。设计单位应基于交通调查分析和设计目标，确定设计思路，开展交通流组织策略设计和具体方案设计。对于复杂的交通条件和环境，应制定多个方案进行比选。设计方案成果应提供纸质文件和电子文档。

交通组织设计方案应包括机动车、行人和非机动车交通组织，周边路网改善方案，交通管理设施设置方案，施工作业控制区交通组织，交通管理应急预案，公交线路和站点调整方案等。

设计方案成果应包括：

1）方案设计说明书：内容包括交通现状或需求分析、设计目标、设计依据、设计思路、设计方案及比选、效果评估、实施计划、资金概算、问题及建议等。

2）交通组织方案设计：内容包括图纸目录、图例、图纸说明、各部分交通流组织分析图、交通流线图、交通设施布设图、交通协管人员布点图、临时交通设施工程量统计表等。

5. 方案论证和评审

道路施工作业交通组织方案设计完成后，由工程建设单位组织专家进行论证。若未能通过论证，必须重新制定道路施工作业交通组织方案。

道路施工作业交通组织方案论证完成后，由政府职能部门负责组织审查。

6. 方案实施和优化

经确认的方案可按计划实施。实施前应进行充分的准备，必要时应在媒体上提前发布相关信息。

方案实施起始时间应尽量避免高峰期，并采取措施确保交通流运行能够平稳过渡。道路施工作业期间，相关部门和单位应按照道路施工作业交通组织方案落实各项措施。

方案实施过程中，应密切观察交通变化情况，发现问题应及时进行人工指挥和疏导。方案实施后应对实施效果进行跟踪评估，对发现的问题及时进行修正。

道路施工作业交通组织方案实施过程中，出现下述情况时，应及时修正和调整：

1）交通组织方案实施后的前7日内，日均发生1次大面积区域性交通拥堵，或7日内发生1起以上重特大交通事故的，应对交通组织方案重新评估、调整。

2）交通组织方案实施后的前7日内，仅在每日高峰时段发生小范围交通拥堵，或日均发生2起以上轻微交通事故的，应对交通组织方案进行调整。

2.2 » 施工区交通影响范围的确定

施工区交通影响范围的确定应当根据施工道路的等级、施工路段起终点位置、施工道路交通运行状况，及周边道路交通运行状况等来确定。

施工道路由于施工作业区占用了道路空间，该道路的通行能力会下降，交通饱和度会提高，交通拥堵加剧，会使原本通过该区域的交通流选择其他道路通行，使周边道路的交通状况受到影响，因此需要从区域内的各路段剩余通行能力和溢出到各路段的交通量综合考虑。如可根据路网饱和度划定影响范围，以施工所在路段的交叉口饱和度不超过0.9为标准，将施工路段溢出的交通量向替代道路分配，直至周围道路将溢出交通量容纳为止。但该方法在实际应用过程中过于烦琐，应用过程中可依据施工作业道路的等级确定影响范围。

1）长期占路施工作业时，施工交通影响范围可按照以下方法确定：

①施工路段为支路时，影响范围为最近的次干道及以上等级道路包围的区域。

②施工路段为次干道时，影响范围为最近的主干道及以上等级道路包围的区域。

③施工路段为主干道时，影响范围为最近的主干道及以上等级道路包围的区域。

④施工路段为快速路时，影响范围为以施工路段为中心，各方向的两条主干道或一条快速路所包围区域。

⑤设有替代道路和分流路段的，应纳入影响范围。这里指作为施工路段的替代道路和分流路段，可能在上述4条描述的影响范围之外，但应该纳入影响区域进行交通组织设计。

2）短期、临时和移动占路施工作业影响范围，可根据工程项目规模，参考长期占道施工的范围确定方法。

3）多条道路、交叉口施工时，分别确定各条道路影响范围，以最外围边界作为影响范围的边界。

4）历史文化保护区、风景名胜区、交通枢纽周边、大型商业及住宅区等区域，宜适当扩大范围。

5）影响范围边界外围的临近区域有交通瓶颈时，应将其纳入影响范围。

6）交通管理部门可根据交通管理需求，对影响范围进行调整。

例如，内江市文英街施工路段项目中，施工改造的范围为文英街—交通路交叉口以东至文英街—团结街交叉口以西。此处文英街为次干道，周边道路等级如图2-2所示。根据项目情况，确定影响范围为环城路—滨江东路—大洲路—民族路—东桐路—双洞路围合区域，如图2-3所示。

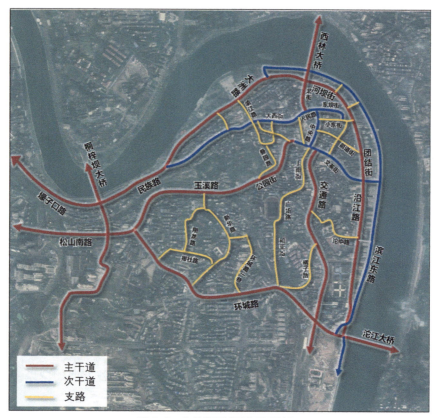

图 2-2　文英街区域现状路网等级

图 2-3　文英街施工项目交通影响范围的确定

2.3 交通设施调查与评价

交通基础设施调查范围为施工影响区，主要调查内容包括周边用地性质、道路路网结构、道路等级、横断面类型、建筑物出入口位置及大小、公交站点位置形式、路内停车设置位置及停车位数量、公共停车场设置位置及停车位数量、慢行交通设施、过街设施、道路分隔设施、现状交叉口设计方案等。这些资料可以向有关部门收集，其中交通设施设置情况、路段及交叉口交通设计方案、人行道、非机动车道、公交站点、建筑物机动车及行人出入口等，在没有资料的情况下需要现场调查。

结合向施工方收集的施工打围方案可以筛选出具备分流条件的路段，作为制定交通组织设计方案的基础。

2.3.1 土地利用调查分析

收集施工影响区域内的土地利用性质现状及规划图、路网现状及规划图，如图2-4所示，可分析施工影响区域内的交通出行特征和路网结构问题，如住宅用地较多、早高峰发生交通量较大，是否会产生潮汐交通现象，路网级配关系是否合理，路网是否存在瓶颈等。图2-4表明该研究区域位于老城片区，人口较为集中，各类生活配套设施发展成熟，用地以居住、商业、公服用地为主，有较大的到发交通需求，在交通组织时应着重考虑到达性交通。从图2-5所示城区整体层面来看，研究区域位于城区中心，各组团间交通大量通

图2-4 区域土地利用性质图

图2-5 城区组团交通转换关系图

过该区域转换，导致区内主要通道承担较大的过境交通需求，在交通组织时要有通行能力较强的过境通道。由于相关部门提供的现状图未必是施工当时的现状，应根据现状做调整。

2.3.2 道路交通设施调查分析

道路横断面形式等调查内容中，机动车与非机动车经常会在同一平面内行驶，因此将两者放在一起分析。主要应对现状道路条件、交通组织、交通运行状态等进行调查分析。

1）现状道路条件。应调查评价范围内现状道路网的基本情况，包括路网结构布局、技术等级、道路宽度、车道数、横断面形式、车道数、路况条件等。可参照表2-1及图2-6的调查内容，同时附上道路照片，参考图2-7，也可以采用卫星图。

表2-1 内江市老沱桥加固工程项目路网现状示例

路段	道路等级	道路类型	道路宽度/m	设计速度/(km/h)	机动车道数	非机动车道/m	备注
沱江大桥	主干路	新桥一块板	15	40	单行4车道	—	
	主干路	旧桥一块板	12	40	单行2车道	—	车道较宽
西林大桥	主干路	一块板	12	40	双向2车道	—	车道较宽
桐梓坝大桥	主干路	两块板	25	60	双向6车道	—	
玉溪路	主干路	一块板	30	60	双向8车道	—	
公园街	主干路	一块板	21	60	双向6车道	—	
大洲路	主干路	一块板	21	60	双向6车道	—	
东桐路	主干路	一块板	20	60	双向6车道	—	
兰桂大道	主干路	一块板	21	60	双向6车道	—	
环城路	主干路	一块板	18	40	双向4车道	1.5	双向非机动车道
民族路	主干路	一块板	12	40	双向4车道	—	
新江路	次干路	一块板	21	40	双向4车道	—	部分路段还在施工
牌楼路	主干路	一快板	25	60	双向6车道	—	
交通路	次干路	一块板	12	40	双向2车道	—	车道较宽
沿江路	次干路	一块板	21	40	双向4车道	—	路侧施划停车泊位
北街	次干路	一块板	15	40	双向2车道	—	车道较宽

（续）

路段	道路等级	道路类型	道路宽度/m	设计速度/(km/h)	机动车道数	非机动车道/m	备注
腾飞路	次干路	一块板	18	40	双向4车道	—	路侧施划停车泊位
新华路	支路	一块板	7	30	双向2车道	—	
文英街	支路	一块板	12	30	双向2车道	—	
南环路	支路	一块板	10	40	双向2车道	—	车道较宽中央分隔
棬子路	支路	一块板	7	30	单行1车道	—	路侧停车
和平街	支路	一块板	10	30	双向2车道	—	

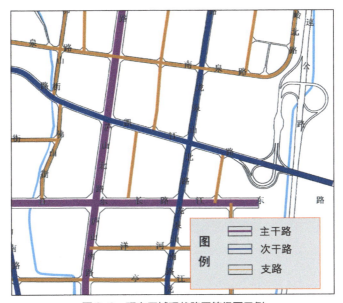

图2-6　研究区域现状路网等级图示例

南充和平东路现状

德阳岷江路现状

图2-7　道路现状照片示例

南京竹山路－科宁路口现状　　　　　　　　　杭州浦沿路西侧现状

图 2-7　道路现状照片示例（续）

2）现状交通组织设计。应调查评价范围内现状路网中主要道路、交叉口及主要出入口的交通组织方案，交通设施设置情况（包括分隔设施、交通标志、监控设备等）、交通设计方案、信号配时方案、机动车及非机动车的停车点位等，参考图 2-8 所示德阳市华山路施工路段周边道路开口分布示例，及图 2-9 所示交通组织示例。

3）现状交通设施问题分析。根据交通设施调查情况以及向交通管理部门进行咨询，分析现状交通设施存在的问题，如路网级配是否合理、横断面形式是否合理、分隔设施设置是否合理、道路连通性是否良好、是否存在畸形交叉口、交叉口设计是否合理等，同时也可以了解区域整体道路资源情况。

图 2-8　德阳市华山路施工路段周边道路开口分布示例

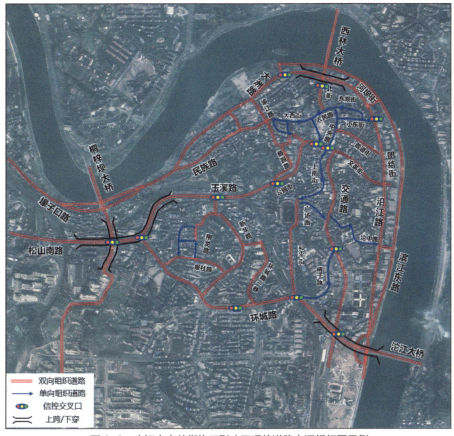

图 2-9　内江市文英街施工影响区现状道路交通组织图示例

4）施工打围后的交通设施分析。根据向施工单位收集的施工打围方案，分析剩余道路空间是否可以满足道路功能，如图 2-10 所示。

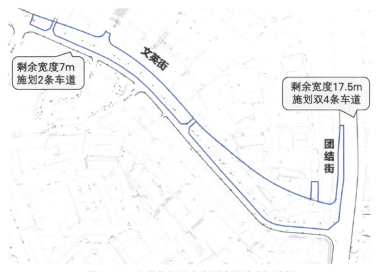

图 2-10　文英街打围方案剩余道路空间分析

2.3.3 行人设施调查分析

为判断施工打围后剩余空间或设施是否能够保证行人正常通行，对施工作业区内的行人设施进行调查。如果施工影响区内部分行人设施也要受到影响，则应一并调查。

调查路段两侧人行道宽度，人行道是否连续；如有中断，中断位置在哪里；行人过街设施位置，尤其是行人立体过街设施、行人过街横道、行人过街专用信号灯的设置。另外，应向交通管理部门了解行人设施是否还存在其他问题。如内江市文英街施工行人过街调查，全线共设置4处过街，其中路段无信控过街2处，交叉口无信控过街2处，如图2-11所示。对于复杂交叉口或路段可以对行人过街流线进行调查，如图2-12所示。

图 2-11 文英街施工区域行人过街设施分布图

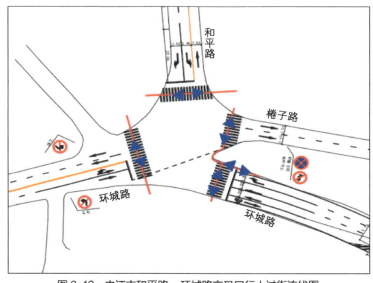

图 2-12 内江市和平路－环城路交叉口行人过街流线图

2.3.4 公共交通调查分析

需调查施工影响区范围内的现状公共交通（包括轨道交通、常规公交、公共交通站场等）设施布局与运营情况，包括公交线路名称及走向、站点位置、站点形式、发车频率、乘客数量等；现状轨道交通线路的设置情况，包括轨道交通车站的位置等。应问询或现场观察公交设施总体情况、存在的问题等。以资阳市轨道交通苌弘广场站施工为例，公交设施方面，施工站点附近滨江大道—马家巷路口处设置 1 公交站点，线路 14 路和牙谷专线 2 路在此停靠，如图 2-13、表 2-2 所示。结合施工打围方案分析，原公交站点被占用或剩余道路空间有限时，如单向 2 车道以下且机非混行，则站点需要调整。全封闭施工时公交线路需要调整。

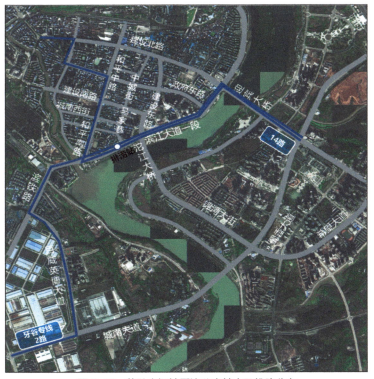

图 2-13 苌弘广场站周边公交站点及线路分布

表 2-2 苌弘广场站点周边线路及走向

站点名称	停靠线路	线路走向
排涝站	14 路 （城东高铁站—西门广场方向）	迎宾大桥→滨江大道→和平路→政府西路
	牙谷专线 2 路	迎宾大桥→滨江大道→滨铁路→百威英博大道

2.4 交通运行状况调查与评价

交通运行状态调查与评价是针对施工影响区道路进行的，分别对现状交通状况和交通组织设计方案下的交通状况进行评价，评判交通组织设计方案的合理性。

2.4.1 交通流量调查分析

交通运行状态调查包括施工影响区内主要路段、交叉口交通流量数据、交通构成、信号配时、交通组织措施、公交线路等。

交通调查包括资料收集、现场调查、问询、通过智能交通系统获取资料等。现状交通信号配时方案、现状交通组织方案、公交车线路及发车计划等，可以向有关部门收集资料。交通高峰拥堵情况、影响范围内存在的主要交通问题、施工开始后可能出现的交通问题、交通组织设计重点关注内容等，可向交通管理部门问询。交通影响范围内如果智能交通系统较为完善，可以通过智能交通系统获得交通运行状态，如交叉口各进口道功能、交通流量、信号配时、交通出行方式比例、交叉口延误、现状交通组织方案等。交通流量、信号配时、交通组织方案等，在没有基础资料的情况下可通过现场调查获得，设计人员必须通过现场调查了解现状交通高峰交通运行状况。

1. 施工影响区内主要路段和交叉口交通流量调查

调查日应选择交通流稳定日，避开节假日、异常天气及其他特殊情况，多次调查宜为不同周内的同一工作日。调查时段应结合施工区域的交通特征、施工方案实施时段等进行确定，应包含交通问题突出时段。时间段至少选择早晚高峰时段调查，高峰时长可以根据该地点具体情况选择，每个高峰至少1h。同时，建议在有条件的情况下也可对平峰流量进行调查，对于大型或特大型城市的重要道路，必要时进行12h或16h交通流量调查。

交通流量调查应分车种、分方向，交叉口分转向进行调查，每5min统计一次。交通分析时应将交通流量换算为标准小汽车（pcu）进行分析，换算系数不同书籍、规范中不同，此处给出行业标准CJJ 37—2012《城市道路工程设计规范（2016年版）》中的换算系数，见表2-3。可绘制或通过TransCAD等专业软件生成直观的交通流量图，参考表2-4及图2-14、图2-15。主要分析高峰小时流量、高峰小时流率（将高峰小时内最大的连续15min交通量扩展为小时交通量，作为高峰小时流率，单位为pcu/h。此处选择15min是由于5min流量会受到交叉口信号灯周期变化影响，交通流不连续造成流量波动较大。由于交通流量是5min统计一次，最大的连续15min交通量为最大的连续3个5min

交通量)、高峰小时系数(PHF，PHF=高峰小时交通量/高峰小时流率)等。如对货运车辆、摩托车等特殊车辆有调查需求时，可以单独分析。

表2-3 车辆换算系数

车辆类型	小客车	大型客车	大型货车	铰接车
换算系数	1.0	2.0	2.5	3.0

表2-4 交叉口各进口道流量调查样表

	交叉口名称：		进口方向：		晚高峰：17:30-18:30				记录人员：
时段	方向	摩托车	非机动车(电动车、自行车)/辆	小客车(私家小汽车)/辆	出租车/辆	公交车/辆	大客车(大巴车、单位班车)/辆	小货车(两轴)/辆	大货车(两轴以上)/辆	交通量总计/pcu
1	直行			56			1	1		59.5
	左转			13					5	23
	右转			7				1	1	10.5
	掉头									0

图2-14 区域现状路网机动车流量

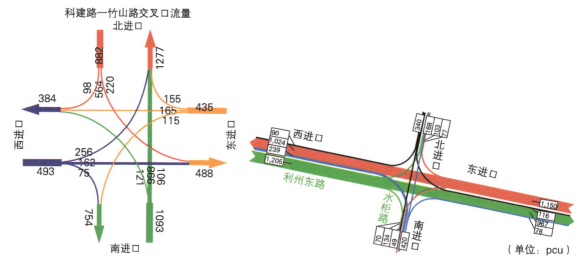

图 2-15 交叉口流量流向图

2. 施工影响区范围内车流运行 OD 调查分析

施工影响区范围内车流运行 OD 是交通组织的基础信息，施工影响区节点 OD 的调查方法通常采用车牌法进行调查。确定影响区边界，在影响区内用路段及交叉口的智能交通设备获取车辆走行路径，通过编程匹配车辆经过的节点，获取 OD 信息。此外，也可根据断面车流的卡口系统来获取车流 OD 信息。

可以从路段流量估计 OD 交通量，使用路段及交叉口流量数据通过已有算法或软件推导出车流 OD 信息。

2.4.2 路段交通服务水平评价

服务水平是衡量交通流运行条件及驾驶人和乘客所感受的服务质量的一项指标，通常根据交通量、速度、行驶时间、行驶（步行）自由度、交通中断、舒适和方便等指标确定。

1. 快速路服务水平分级

行业标准 CJJ 37—2012《城市道路工程设计规范（2016 年版）》给出了快速路基本路段服务水平分级，见表 2-5。

负荷度 V/C 定义为在理想条件下，最大服务交通量与基本通行能力之比。在路段评价时交通量 V 为现状交通量或预测交通量。基本通行能力 C 是指在一定的时段，在理想的道路、交通、控制和环境条件下，道路的一条车道或一均匀段或一交叉路口，期望能通过人或车辆的合理的最大小时流率。可以参照表 2-6。

表 2-5　快速路基本路段服务水平分级

设计速度/ (km/h)	服务水平等级		密度/ [pcu/(km×ln)]	平均速度/ (km/h)	负荷度 (V/C)	最大服务交通量 /[pcu/(h×ln)]
100	一级（自由流）		≤10	≥88	0.40	880
	二级（稳定流上段）		≤20	≥76	0.69	1520
	三级（稳定流）		≤32	≥62	0.91	2000
	四级	（饱和流）	≤42	≥53	≈1.00	2200
		（强制流）	>42	<53	>1.00	—
80	一级（自由流）		≤10	≥72	0.34	720
	二级（稳定流上段）		≤20	≥64	0.61	1280
	三级（稳定流）		≤32	≥55	0.83	1750
	四级	（饱和流）	≥50	≥40	≈1.00	2100
		（强制流）	<50	<40	>1.00	—
60	一级（自由流）		≤10	≥55	0.30	590
	二级（稳定流上段）		≤20	≥50	0.55	990
	三级（稳定流）		≤32	≥44	0.77	1400
	四级	（饱和流）	≤57	≥30	≈1.00	1800
		（强制流）	>57	<30	>1.00	—

表 2-6　道路路段一条车道的通行能力

设计速度/(km/h)	100	80	60	50	40	30	20
基本通行能力/ [pcu/(h×ln)]	2200	2100	1800	1700	1650	1600	1400
设计通行能力/ [pcu/(h×ln)]	2000	1750	1400	1350	1300	1300	1100

快速路分合流区以及交织区的服务水平，在行业标准 CJJ 37—2012《城市道路工程设计规范（2016 年版）》的条文说明中，表示目前国内尚未有成熟的研究成果，可参阅美国《道路通行能力手册》中的相关内容。常见参考书《道路通行能力分析》、行业标准 CJJ/T 141—2010《建设项目交通影响评价技术标准》中对匝道通行能力和服务水平有详细描述，可以参考。

快速路还可以根据拥堵排队长度和拥堵时长进行评价。快速路施工占道后，瓶颈区的拥堵排队长度估算，可以假定在施工占道不改变原出行规模和路径时，采用原交通量作为通行需求，占道后的瓶颈区通行能力作为交通供给。当通行需求大于交通供给，车辆在瓶颈区起点处向后排队，直至到达交通量小于等于瓶颈区通行能力时，排队开始消散。将这一时间段到达的车辆数减去可以通过的车辆数，可得累积排队车辆数。将累积排队车辆数除以施工上游过渡区之前路段的车道数，结合平均车头间距可以估算排队长度。占道后的道路拥挤时长，可以用累积排队消散时间来估计，拥挤时间为施工区的通行需求超过通行能力开始，到累积排队车辆消散时段结束。

2. 其他等级道路服务水平分级

其他等级道路通行能力和服务水平的分析、评价，在国内尚未有成熟分析方法和内容。美国《道路通行能力手册》中根据平均行程车速和城市道路等级来确定服务水平等级，即在同一等级道路上平均行程车速高则服务水平高。但美国城市道路等级划分方法与我国有所区别，所以其划分方法不完全适合我国国内情况。目前很多项目中，仍然习惯用路段 V/C（饱和度或负荷度）来评价路段服务水平。但 V/C 划分服务水平的等级没有统一标准，不同书籍以及一些地方标准、行业导则中，都有不同表述。目前，我国普遍推荐的路段服务水平划分方法，见表 2-7。另外，各地地方标准及规定中也有不同的划分方法。

表 2-7 机动车路段服务水平参考表

服务水平	A	B	C	D	E	F
V/C	≤ 0.60	≤ 0.70	≤ 0.80	≤ 0.90	≤ 1.00	无意义
运行情况	顺畅	稍有延误	能接受的延误	能忍受的延误	拥挤	阻塞

3. V 与 C 取值

C 为道路通行能力，对于城市道路路段通行能力，流行的《交通工程学》教材中进行了详细描述。其中基本通行能力可按照表 2-6 取值。

V 取高峰小时流率，针对现状和交通组织设计分别为现状高峰小时流率和交通组织设计方案高峰小时流率。现状高峰小时流率在交通调查的部分中已给出。

交通组织设计方案高峰小时流率需要进行交通流量重新分配或预测。根据施工区交通组织设计方案，将原有节点间的 OD 流在施工影响区路网上重新分配，对局部的运行 OD 路径需重新分配到分流路径，若分流路网无法满足，才考虑交通方式的转移。施工影响区的 OD 流重新分配计算方法可以采用常规的交通规划计算配流的方法进行计算。在影响区范围不大的情况下，可采取简单的容量限制法和多路径概率分配方法等非平衡方法进行计算。此外，影响区的弹性交通需求将随着交通阻抗的变化而发生变化。

施工交通组织中，宜在假定 OD 不变的条件下，进行交通流量在路网上的重新分配。

在进行分配时应考虑交通组织设计方案中限行、禁行、单向通行等交通组织措施的影响。施工时间较长（如3年以上），或者施工影响区内城市建设较快，可以考虑交通需求的增加。施工影响区内城市开发强度不大，如老城区，可采用简单的增长率法。施工影响区属于城市新开发区，应采用四阶段法等交通预测方法进行预测。

评价结果可通过表格进行展现，见表2-8、表2-9。

表2-8 现状主要路段晚高峰服务水平评价参考

道路名称	方向	晚高峰流率/（pcu/h）	现状通行能力/（pcu/h）	晚高峰饱和度	服务水平
西林大桥	南－北	1965	2400	0.82	D
	北－南	1940	2400	0.81	D
北街	南－北	1296	1600	0.81	D
	北－南	1290	1600	0.81	D
文英路	东－西	374	650	0.58	A
	西－东	475	650	0.73	C
公园街（中央路—大同街）	东－西	1039	2550	0.41	A
	西－东	2310	2550	0.91	E
沿江路	南－北	1293	1600	0.81	D
	北－南	990	1600	0.62	B
团结街	南－北	1322	1900	0.70	B
	北－南	834	1900	0.44	A

表2-9 施工交通组织设计方案主要路段服务水平评价参考

道路名称	方向	现状流量/（pcu/h）	新增流量/（pcu/h）	打围后流量/（pcu/h）	通行能力/（pcu/h）	饱和度	服务水平
滨江大道（桥）	东向西	1181	—	1181	1400	0.84	D
	西向东	1663	—	1663	1400	1.19	F
和平南路	北向南	730	576	1306	1400	0.93	E
	南向北	838	825	1663	1400	1.19	F
建设南路	东向西	1084	905	1989	1400	1.42	F
	西向东	665	968	1633	1400	1.17	F
沱桥路	北向南	718	968	1726	2400	0.72	C
	南向北	1083	905	1988	2400	0.83	D

注：其中新增流量是根据施工期交通组织方案新分配到该路段的流量。

也可以通过 TransCAD 等专业软件直观显示 V/C 值，如图 2-16 所示。其中，不同饱和度数值区间及颜色可以自定义，也可以与项目中参考的服务水平数值区间一致。

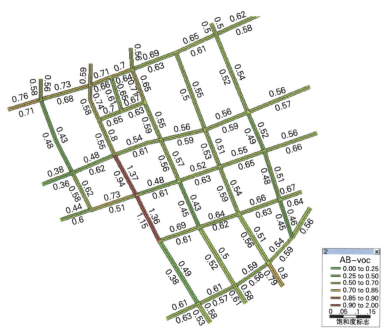

图 2-16　南京市竹山路施工影响区道路现状饱和度 TransCAD 建模

2.4.3　交叉口交通服务水平分析

信号交叉口交通服务水平是根据车辆在信号交叉口受阻情况确定的，一般情况下采用控制延误、负荷度等作为指标，进行服务水平分级。采用何种指标，可以根据实际情况灵活选择合理适用的指标。CJJ/T 141—2010《建设项目交通影响评价技术标准》给出了信号交叉口机动车服务水平评价标准，见表 2-10。CJJ 37—2012《城市道路工程设计规范（2016 年版）》也给出了参考标准。

表 2-10　信号交叉口机动车服务水平

服务水平	交叉口饱和度 S	每车信控延误 T/s
A	$S \leq 0.25$	$T \leq 10$
B	$0.25 < S \leq 0.50$	$10 < T \leq 20$
C	$0.50 < S \leq 0.70$	$20 < T \leq 35$
D	$0.70 < S \leq 0.85$	$35 < T \leq 55$
E	$0.85 < S \leq 0.95$	$55 < T \leq 80$
F	$0.95 < S$	$80 < T$

由于控制延误计算较为烦琐，项目中更多习惯用 V/C（饱和度或负荷度）来评价交叉口服务水平，C 同样可以参照流行的《交通工程学》教材。表 2-11、表 2-12 所示为现状和方案交叉口服务水平评价。

表 2-11 现状某交叉口早高峰服务水平评价

进口	进口道情况	通行能力/(pcu/h)	流率/(pcu/h)	饱和度	服务水平
康复中路东	1 左 +1 直行 +1 直右	950	490	0.52	C
康复中路西	1 左 +1 直行 +1 直右	950	542	0.57	C
隆泸大道南	1 左 +1 直行 +1 直右	1160	646	0.56	C
隆泸大道北	1 左 +1 直行 +1 直右	1160	715	0.62	C
总评		4220	2393	0.57	C

表 2-12 施工交通组织设计方案交叉口评价参考

交叉口名称	方向	进口道情况	车道数量	通行能力/(pcu/h)	打围后流量/(pcu/h)	打围后饱和度	打围后服务水平
道路A与道路B交叉口	西	左转	2	500	141	0.28	B
		右转	1	1000	1113	1.11	F
	南	左转	2	900	1553	1.73	F
		直行	1	616	435	0.71	D
	北	直行	2	1232	588	0.48	B
	总评			4248	3830	0.90	E

2.4.4 公共交通状况分析

1. 站点覆盖率评价

现状公交站点 300m 半径覆盖率不应小于施工影响区城市建设用地面积的 50%；500m 半径覆盖率，不应小于 90%。交通组织设计方案对线路或站点调整后，也应该达到该指标。如果现状覆盖率达不到该标准，则施工交通组织设计方案站点覆盖率应不小于现状。

2. 站点调整距离分析

如果线路走向改变，交通组织设计方案根据公交线路走向调整后的停靠站，距原停靠点不宜超过 200m。

3. 公交运力评价

公交运力与载客能力、运行频率、线路长度和运行时间等指标有关，为分析区域内公交运力水平，需调查区域影响范围内施工前、后上述指标具体值，并依据公式评估施工前、后公交运力水平，即：公交载客能力 × 运行频率 ×（路线长度/运行时间）。确保施工前后公交运力不下降。

4. 其他因素评价。

交通组织设计方案中公交站应设置在交叉口出口位置，有条件时宜采用港湾式公交站。公交线路调整后会产生绕行，主要服务片区乘客的出行时间增加应在可以接受的范围内，例如增加不超过 5min。

2.4.5 行人及非机动车交通状况分析

1. 人行设施交通服务水平评价

依据 CJJ37—2012《城市道路工程设计规范（2016 年版）》4.5 节的内容，人行设施的基本通行能力和设计通行能力按照表 2-13 的规定。其中基本通行能力为人行设施能够通行的行人最大理论值，在道路施工区交通组织设计时可以参考此数值进行评价。设计通行能力为新建人行设施通行能力的取值，数值小于基本通行能力，为设施实际通行能力留有一定余量，不作为施工区交通组织设计时评价的参考值。

表 2-13 人行设施基本通行能力和设计通行能力

人行设施类型	基本通行能力 /pcu	设计通行能力 /pcu
人行道，人/（h×m）	2400	1800~2100
人行横道，人/（h×m）	2700	2000~2400
人行天桥，人/（h×m）	2400	1800~2000
人行地道，人/（h×m）	2400	1440~1640
车站码头的人行天桥、人行地道，人/（h×m）	1850	1400

注：hg 为绿灯时间，可以理解为每绿灯小时。

道路两侧人行道服务水平分级应按照表 2-14 的规定，一级服务水平最高。通常道路两侧人行道最低服务水平为三级。

设计通行能力为服务水平为三级时的人行设施通行能力。

表 2-14 人行道服务水平分级

指标	服务水平			
	一级	二级	三级	四级
人均占用面积 /m²	> 2.0	1.2~2.0	0.5~1.2	< 0.5
人均纵向间距 /m	> 2.5	1.8~2.5	1.4~1.8	< 1.4
人均横向间距 /m	> 1.0	0.8~1.0	0.7~0.8	< 0.7
步行速度 /（m/s）	> 1.1	1.0~1.1	0.8~1.0	< 0.8
最大服务交通量 /[人/（h×m）]	1580	2500	2940	3600

2. 非机动车道服务水平评价

行业标准 CJJ 37—2012《城市道路工程设计规范（2016 年版）》中，对非机动车服务水平的确定方法进行了规定。路段非机动车道服务水平分级按照表 2-15 的规定，一级服务水平最高。交叉口非机动车道服务水平分级参照表 2-16 的规定。

表 2-15 路段非机动车道服务水平分级

指标	服务水平			
	一级 （自由骑行）	二级 （稳定骑行）	三级 （骑行受限）	四级 （间断骑行）
骑行速度 /（km/h）	> 20	20~15	15~10	10~5
占用道路面 /m²	> 7	7~5	5~3	< 3
负荷度 V/C	< 0.40	0.55~0.70	0.70~0.85	> 0.85

表 2-16 交叉口非机动车道服务水平分级

指标	服务水平			
	一级	二级	三级	四级
停车延误时间 /s	< 40	40~60	60~90	> 90
通过交叉口骑行速度 /（km/h）	> 13	13~9	9~6	6~4
负荷度 V/C	< 0.7	0.7~0.8	0.8~0.9	> 0.9
路口停车率（%）	< 30	30~40	40~50	> 50
占用道路面积 /m²	8~6	6~4	4~2	< 2

在计算过程中，对通行能力的确定要根据非机动车道的隔离形式、所在位置、控制方式等进行确定。

1）路段可能通行能力推荐值，有机非分隔设施时为2100veh/h；无分隔设施时为1800veh/h。其中veh为辆，不换算为标准小汽车。

2）不受平面交叉口影响的一条非机动车道的路段设计通行能力，当有机非分隔设施时，应取1600~1800veh/h；当无分隔时，应取1400~1600veh/h。

3）受平面交叉口影响的一条非机动车道的路段设计通行能力，当有机非分隔设施时，应取1000~1200veh/h；当无分隔时，应取800~1000veh/h。

4）信号交叉口进口道一条非机动车道的设计通行能力可取为800~1000veh/h。

在上述的服务水平评价基础上，还要关注非机动车道宽度、人行道宽度、安全视距等应符合规范要求；尽可能减少绕行距离，替代过街通道与原设施距离应满足规范要求。

2.5 其他相关调查与评价

在进行方案评价时，除关注道路服务水平改变的情况外，还应对交通设计方案中作业区布设、停车、出入口交通组织等是否符合相关规范标准及安全要求进行评价。

作业区的评价内容主要为评价作业区布置是否符合规范要求，以及车道宽度、转弯半径、安全视距等是否符合规范要求。在隧道中施工时，还要关注封闭空间中，消防、救援、照明及排风等设施设置是否合理。

停车服务水平评价主要针对路内停车位，施工后的数量、位置会发生变动，变动后是否满足需求，是否需要设置替代停车场，以及替代停车场与原停车场距离。考虑到驾驶人需步行上车，所以宜控制在200m内。

此外，建筑出入口的交通组织也是重要的一点。施工期间，会对出入口交通带来影响，主要评价车辆出行的绕行时间、绕行距离增加是否在可接受范围内，不同规模的城市对绕行的接受程度也不一致。同时，还要关注车辆出入口的安全视距和转弯半径是否符合规范要求，避免存在安全隐患。

第 3 章
施工区交通组织设计理论体系

Chapter Three

3.1 施工区交通组织设计原则

城市道路施工区交通组织设计应遵循以下原则。

1. 交通安全原则

根据施工区道路特性以及施工区环境特性，充分保障各类交通流的有序流动，降低交通冲突概率，诱导为主，管制为辅。

2. 供需平衡原则

优化施工方案，保障施工点段、周围路网的通行能力。在条件许可时，施工路段、路口的机动车道数、导向车道数、非机动车道数、人行道宽度，要与原通行空间尽可能保持一致，保障施工作业区道路通行能力不受较大影响。合理调节交通需求，使用道路通行能力的变化。

3. 均衡分布原则

在特定区域内，从空间和时间上调整交通流，通过交通合理分配路权，采用"控密补稀、削峰填补"等方法，从施工作业区外网进行逐级分流调控，均衡核心区交通压力，使交通流分布趋于均匀。

4. 交通分离原则

在时间和空间上，将行人、非机动车、机动车交通流分离，减少混合运行和互相干扰。

5. 交通连续原则

尽可能保证车辆和行人连续移动，减少停车次数和等候时间，尽量避免出现机动车道数减少、道路突然变窄等问题。

6. 公交优先原则

保障公交服务水平，提倡公交出行。公交车辆原则上不改道，以方便广大人民群众的出行，同时保证公共交通服务范围的稳定性，如必须改道，应在原站点处提供指引性交通标语，或直接向乘客宣传。

7. 协调施工时序原则

对于交通影响区域相同的城市交通基础设施，建议同步施工，以尽量减少施工影响时间；具有替代功能的道路建议分开施工，避免同一出行方向上多条道路同时施工；有助于交通分流的城市交通基础设施，建议提升建设优先级并加快建设工作；施工导致拥堵加剧的城市交通基础设施，建议错开施工、分段分期施工；充分利用好夜间施工时段，降低对白天正常道路通行的影响，并做好噪声防控以及安全问题保障。

8. 科学性与可操作性原则

施工区交通组织设计方案应以路网整体优化为目标，进行科学论证。结合施工具体情况考虑施工区特殊性，制定具体交通组织做到可实施性，保证交通组织方案的稳定性，并能对突发事件进行有效的调整。

3.2 » 施工区交通组织设计要求

城市道路施工区交通组织设计具体有以下要求。

1）结合占路施工作业方案，从时间、空间上均衡施工影响范围内路网流量，减少占路施工作业带来的交通影响。

2）施工交通组织以诱导为主管制为辅，当施工影响范围内道路交通压力过大时，可考虑采取分流或限流措施。

3）优先满足作业区沿线居民、单位工作人员的基本出行需求，依次优先保障行人、非机动车及公共交通通行。

4）优先采取修建临时便道、便桥等方法，降低占道施工作业对交通的影响。其次，对作业区剩余道路空间重新进行整体设计，通过对交通组织和渠化调整，实现道路通行能力最大化。

5）设置替代或分流通道时，机动车的绕行距离不宜超过原来距离的两倍。按照多级预告原则，在分流节点处，设置施工预告标志、绕行标志等诱导设施进行引导。

6）作业区的限速值应根据道路等级、施工区道路线性、剩余道路空间、车辆类型、作业区交通运行情况等，结合施工作业区管理需要进行综合设置，可参考表1-1作业区限速值设置。

7）在进出施工作业区的通道上，对进出交通流进行速度调控，实现缓进快出。

3.3 施工区交通组织设计思路

施工区交通组织设计优化道路通行能力，疏解道路交通拥堵，可从如下思路考虑。

1. 路段扩容

在施工作业区和施工影响区通过取消路内停车位，修建便道、便桥等方法，增加道路有效通行空间。

2. 节点优化

打围方案重新渠化、分配交叉口空间，优化信号配时，提升节点通行能力。

3. 交通组织

禁止转向，单向通行等方式提高交通瓶颈通行能力。

4. 诱导分流

建立多级诱导方案，引导车辆提前分流。包括过境交通远端分流，区域交通近端分流。

5. 流量转移

优先保证公交通行，实行公交优先政策。增加公交线路与公交车数量、提高公交车发班频率、降低或免除票价等措施，引导居民出行（特别是通勤、通学）采用公交出行。多成员车道、公交优先或专用道，提高道路资源利用率。

6. 交通管理

加强对于违反占用道路资源的处罚，如违停处罚等；制定节假日管控方案；加强停车诱导；关键节点加强警力部署，应对高峰和紧急交通状况。可以通过在施工影响区增设监控设备和非现场执法设备等方式加强执法力度。

7. 需求管理

必要时采取机动车限行、禁行等手段临时减少交通流量。如限制货运车辆行驶区域和时间，核心路段或区域，单双号限行，或仅允许公交车辆通行。

可以宣传建议在高峰期采用网上购物、居家办公等方式减少出行。

3.4 » 施工方式与交通组织设计的关系

1. 全封闭式占道施工

全封闭式占道施工对施工区域的交通影响较大，绕行措施也增加了周边道路的交通压力，易造成大面积区域的交通堵塞。道路全封闭作业时，附近必须有既有道路，可提供科学合理的绕行方案。对于施工方案只能采用全断道施工的大型施工作业，或者是周边替代道路资源丰富，或者是3天左右的短时间施工作业，其他情况不建议采用全封闭施工方式。

2. 半封闭式及部分封闭占道施工

首先，施工作业区范围符合半封闭式及部分封闭占道施工范围的可采用这两种方式。其次，这两种施工方式常可作为全封闭式占道施工的替代方式。如需要全封闭式占道施工的，可以分为半封闭式及部分封闭多个阶段施工。

这两种方式替代全封闭式占道施工的优点，在于减小对道路交通的影响；缺点在于延长了施工期，增加施工区交通组织设计复杂程度，需要根据施工进度分为分段或分方向制定多次施工区交通组织设计方案。

3. 不封闭式占道施工

施工区域不在路面范围内，对路面行车不造成干扰，但会对行人通行产生干扰。尽可能在既有人行道上保留行人最小通行空间。如人行道全部占用，行人需在路面通行，则应采用必要的分隔设施和交通安全设施。

4. 交叉口施工

对整个交叉口范围内进行施工时，可分进出口道施工区和中心施工区两阶段进行。如果交叉口面积较小，采用中心施工区时车辆无法在施工区两侧通行，可分两次采用横跨式施工区。

横跨式施工区同时影响进出口及交叉口中央区域，如延伸至交叉口中央区域较长，也可分进出口及中心区两阶段施工。

5. 分阶段施工

在对城市主干道施工时，施工影响范围特别大、影响范围内交通流量也特别大，并且周围路网没有合适的道路能够进行分流的情况下，如果对整条道路进行统一施工，则会导致区域内大面积交通拥堵，严重影响周围居民的日常出行需求，此时应当对该道路合理分段，采取分阶段施工的施工方式。在分阶段时应按照各个路段在城市交通组织中的重要性进行划分，按照重要性高低顺序进行施工；在分路段划分时还应当确保每个细分的路段进行单独施工时，周边路网能够顺利承担分流任务，不会发生拥堵现象并且绕行距离适中；对于有助于交通分流的城市交通基础设施的路段，在分阶段施工时也可以优先施工；在分阶段施工时还应当注意连续性和一致性原则，不同施工阶段的标志标线和围挡设施等应采用相同标准。

对于施工工期特别长的项目，工期内如涉及中高考、节假日，或者其他有特别重大意义导致居民出行需求特别大的日子时，也应当分阶段施工，合理规划施工方案，确保施工路段在这些交通出行需求特别大的日子能够暂时使用。

杭州浦沿路一期管线施工项目中，因为浦沿路为杭州市滨江区主干道，经过相关调查和分析，该项目施工区域交通流量大，行人密集，若采取浦沿路整体施工，周边路网会无法承担分流任务，势必造成交通拥堵，故必须采取分阶段施工，浦沿路站平面布置如图3-1所示。

图3-1 浦沿路站平面布置图

浦沿路直道上给水管施工共分12个施工阶段，标准段长42m。每天完成一阶段共12天完成。为了缓解交通压力，在施工过程中，每完成三个阶段恢复道路一次。计划9月5日开始施工，9月16日完成。施工期间沿管道两侧将浦沿路最东侧一个机动车道和绿化带采用半透视围挡进行临时围挡，围挡长496m×宽6m×高1.8m。浦沿路东半幅道路设两个机动车道。围挡西侧保留原来一个机动车道（4m），围挡东侧利用原非机动车道作为一个机动车道（4.5m）。将原人行道高低处修坡硬化作为人非混合车道（3.5m）。浦沿路西半幅保留原来两个机动车道（4m×4m）、绿化带（2m）、原来非机动车道作为人非混合车道（4.5m），前六个阶段的划分如图3-2所示。

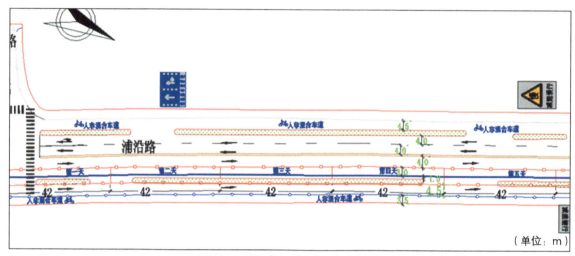

图3-2　浦沿路施工项目前六个阶段划分

6. 多条道路施工

对于涉及多条道路进行施工的项目，为了在施工期间保障道路交通有序、安全通行，避免出现大面积交通瘫痪现象，应从时间和空间上对多条道路的施工阶段进行合理划分。

根据不同阶段的施工道路长度、覆盖道路面积，以及该路段在整体路网中的功能，确定好施工的周期时长，同时要考虑到施工时段应尽可能避开诸如大型活动、长假日等时段，尽量减少带来的影响。

在施工阶段排序上，应将容易施工的尽早施工，缓解交通压力。对于多条主干路施工、相交的道路施工的，必须避免同时施工，以防止整体路网的中断。对于交通影响区域范围相同或者相似的道路，建议同步施工，以尽量减少施工影响时间。分阶段施工的时候，对于交通组织方案中的区域调控方案应尽可能维持不变，可结合施工节点的不同阶段施工方案，对节点路段的组织方案进行调整。

第二部分

基本方法篇

第4章
一般道路施工区交通组织设计

Chapter Four

4.1 路段施工区交通组织设计

4.1.1 全封闭路段

路面全封闭施工，道路完全断流，车辆需绕道行驶，增加其他道路的交通压力，并有可能导致相邻道路成为断头路。周边建筑物的对外交通受到严重影响，包括机动车和行人出入。行人在人行道的空间可能会变窄，致使行人交通流拥堵，影响行人的正常通行。需调整途经的公交线路，给市民的出行带来很大不便。同时还改变现有的交通设施，对周边的环境产生造成严重影响。

4.1.1.1 机动车

1. 施工作业区交通组织设计

当道路全封闭施工时，为避免行人和车辆误入施工现场干扰施工秩序或者导致安全事故，可以采取围栏封闭措施。同时为了使夜间也能够看到围栏，可以通过反光标志和灯光照明等措施予以警示。另外，与相邻道路相交的交叉口处应参照交叉口组织设计内容。

施工路段前逐级限速多次提示前方封闭施工，可在施工区前1000m、500m、200m设置施工警告及限速标牌，逐级限速，并在施工端头的显著位置，设置提示断道施工的警告标志和路栏，用以警示车辆和行人前方路段将进行封闭道路施工，使车辆及行人根据路况和引导进行相应地调整行进路线。

与全封闭施工路段相交的交叉口，需要根据实际情况，设置禁止通行（或禁止驶入）、禁止转向交通标志，调整车道功能，修改指路标志和分向行驶车道标志的相关内容。若施工路段较长，可根据施工需求，逐段打围、逐段施工，施工结束路段尽快恢复交通。

德阳市东方电机厂天然气管道更新项目中，晋江街北段封闭施工，施工期间交通流组织及标志设置如下。

1）采用围挡将工作区与交通流分隔，并利用设施将作业区围起。夜间应设置施工警告灯，施工警告灯应设置于围挡、路栏上。

2）作业区起点附近设置作业区标志预告作业区位置。

3）在适当位置设置行人、非机动车通道指示标志。

4）作业区两端设置禁止车辆驶入标志。

5）在作业区上游交叉口所有相交道路上设置标志预告作业区位置，同时设置禁止右转标志。

6）在距离施工道路距离合适的交叉口前设置绕行标志。

晋江街道全封闭施工标志设置点位和绕行诱导标志如图4-1和图4-2所示。

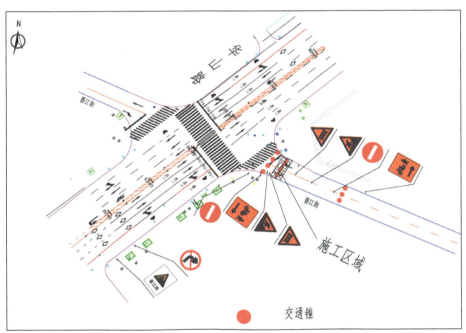

图4-1　晋江街道全封闭施工标志设置点位图

图4-2　远端绕行诱导标志

2. 施工影响区交通诱导

全封闭道路施工情况下，原本在施工路段行驶的车辆在道路施工期间流量将全部被重新分配到交通路网内其他路段，应该设置相应的提示标志让驾驶人提前绕行其他线路，进而达到实现诱导的功能。同时，应通过电视、网络等媒体发布道路封闭施工的信息。

（1）通过型交通流

在全部占用道路的情况下，对于行经施工区的交通流，应该遵循安全和方便快捷的原则，诱导通过型交通流从周边未施工道路驶离。

提前安装绕行标志，提醒各方向车辆及时绕行，并在交通节点安装相应交安设施，避免车辆误入施工段。原则上绕行线路应多于两条，进行多级诱导，且避免多方向绕行线路出现重合。绕行线路不足以承担绕行车辆时，需对绕行线路进一步优化，考虑远端绕行与近端绕行结合，保证绕行线路的正常通行。

（2）到达型交通流

对于目的地是施工区的交通流，施工道路内的建筑有其他出入口，则应诱导车辆从其他出入口进出。部分建筑无其他出入口的，则应在施工区周边就近规定专用停车区，诱导车辆停靠，专用停车区可在既有停车场内划定。

南充下中坝大桥建设，占用滨江路断道施工。滨江路为南充市主城区中心轴上的交通性主干道，因此交通诱导方案采用："外部诱导，内部管控"的三级分流策略。具体诱导方案如图4-3所示。

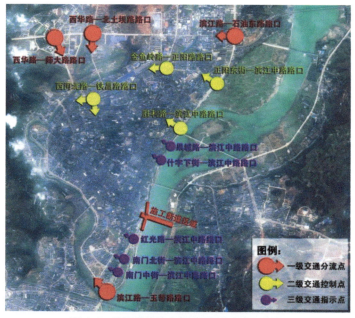

图4-3　滨江路施工三级交通诱导方案示意图

1）在交通影响区域的边界之处以及更大范围内的干道节点处设置一级交通诱导点，诱导过境交通流提前替选出行路径，减少"非起终点交通"对影响区域内部路网的影响，降低其交通负荷。由于滨江路交通功能极为重要，因此在南充绕城高速上也进行了远端诱导。远端诱导点位和绕行标志如图4-4和图4-5所示。

图 4-4　滨江路施工远端诱导点位

图 4-5　成南高速与绕城高速立交绕行标志

2）在影响区域内部的施工区上游交通节点设置二级交通控制点，尽可能使区域内部路网的交通负荷分布均衡，提高路网交通运行效率。本次疏解的二级控制点主要设置在区域北部。

3）在紧邻施工区设置三级交通指示牌，规范施工区直接影响区交通秩序。三级分流点主要设置在滨江中路沿线交通疏解条件允许的地方，主要是对到达性交通进行交通指示，便于到达性选择合适的交通路线，均衡区域内路网交通负荷。

西安地铁 8 号线延平门站施工项目中，沣惠南路部分路段需要封闭路段施工，该路段以通过型交通流为主，可利用现有路网资源，充分考虑各方向来车分流需求，制定多条备选分流路线，并在近端和远端分流关键节点设置多组施工绕行提示牌，提醒驾驶人提前择路绕行，绕行路线图、远端绕行标志和近端绕行标志分别如图 4-6~ 图 4-8 所示。同时，与常用的互联网导航软件供应商合作，推送施工信息并优化导航路径推送，减少路口通行流量。

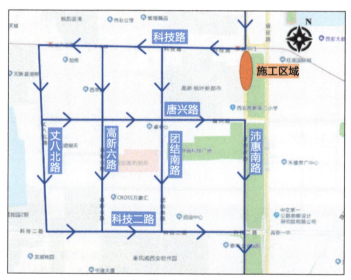

图 4-6　沣惠南路绕行线路图

图 4-7　远端绕行标志

图 4-8　近端绕行标志

同时，充分发挥交通治理部门联动、协同控制机制，由西安市高新区管委会牵头制作施工期间交通疏导分流方案宣传片。政府、部门、企业"三位一体"联动通过广播、电视、报纸、"双微"、抖音、头条等媒体平台，预先进行全方位宣传引导。让市民群众直观了解沣惠南路占道施工情况，知晓道路通行及分流绕行路线，覆盖受众超600万人，争取到市民的理解支持，并从源头上减少进入施工区域车流总量。相关微信公众号宣传信息如图4-9所示。

（3）停车组织

图4-9 媒体进行施工打围宣传

封闭路段施工时，原有的路边停车位会影响施工，且施工期间出入受限制，故一般情况下会取消封闭路段的路边停车位，周边地区空间充足的条件下可以规划新的停车位，以满足施工区原有停车需求，周边空间不足以规划新停车位时，则需要设置标牌提供周边的停车信息，并且一般要提前一周以上通知周边居民施工打围禁止停车的消息，确保周边居民提前规划停车安排，保障施工开始时路边无车辆影响正常施工。

4.1.1.2 行人／非机动车

1. 人行道／非机动车道组织措施

在仅车道全封闭，人行道未被占用情况下，则行人照常行走，非机动车可以借助人行横道推行。如果人行道与非机动车道均被占用，道路条件合适的情况下应启用新的空间作为行人／非机动车的使用区域，人行道有效通行宽度不应小于1.5m，有非动车时不小于3m。如道路条件不合适，则行人必须借助其他道路绕行，因行人绕行成本较大，故绕行距离应尽量控制在300m以内。

人非共板，非机动车允许骑行时，建议设置分隔栏杆，同时通行宽度增加30cm的分隔栏杆基础摆放位置，人非分开以保障行人安全，同时设置必要的交通标志等。

资阳市轨道交通娇子大道站施工时，对幸福大道全封闭施工，仅有单侧空间可供人和非机动车通行，其中行人借用万达广场的空间通行，如图4-10所示。

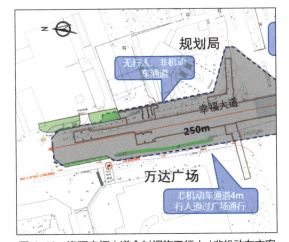

图4-10 资阳幸福大道全封闭施工行人／非机动车方案

2. 行人/非机动车过街组织措施

全封闭路段较短时,行人可在封闭路段两端过街。全封闭路段较长时,行人绕行距离超过300m,可在全封闭路段适中位置开辟便道或者搭设便桥,宽度建议不小于3m。要做好安全防护,便道或便桥两侧应设置护栏防止人员坠落基坑,便道或便桥两端各方向至少设置5m长通透围挡,给行人足够的安全视距。同时,设置必要的交通标志、警示灯等。

4.1.1.3 公共交通

全封闭路段施工公交站点处于施工区域内,不得不将站点进行迁移。在这种情况下,路段上所有的公交线路都必须做合理的调整。全封闭路段施工对公交系统的影响大,同时也会给乘客带来极大的不便,需提前做出通知。

根据对施工前期现状调查与分析,即可掌握施工路段及周边道路轨道交通及常规公交线路及停靠站点的情况。根据工程施工期间对现状公交的影响,从方便市民出行的角度出发,工程施工期间公交线路调整应遵循以下原则:在道路资源有限的情况下保障公众利益,体现公交优先。尽量保持公交线网结构,原则上不对公交线网结构做较大调整。尽量体现"就近"原则,减少市民出行步行距离和出行时耗。根据上述原则,结合工程施工对区域交通影响程度和公交线网布局实际情况,对影响区域内公交进行调整,主要调整内容如下。

1. 对公交线路的改变

针对道路被完全封闭的施工项目,途径的公交线路需改道,可根据实际情况酌情调整,利用周边能力富余的道路来替代原公交通行道路,就近绕行,减少线路调整的长度。

2. 对公交站及相关标志的改变

针对已经修改的公交线路,新站点的设定非常重要,要及时设立明确的公交站点,并做好通知工作,提前一段时间以电视、报刊、广播等媒体或者流动信息板的形式通知市民,并在公交车内和站牌处贴告示。在原公交站处及重要交通点设立明确的信息标志保证乘客的正常乘车。如有轨道交通站点,需要考虑它与常规公交的衔接。公交绕线对市民的出行影响较大,应利用周边的公交站点做好乘客的转运工作。对影响区域内的公交站点尽量设置公交港湾站。

资阳市幸福大道南段全封闭路段施工,需要对公交线路进行调整,此处选择通行能力较强的槐树北路和槐树西路作为替代道路,同时重新设置站点,如图4-11所示。

3. 对公交车车型和发车频率的更改

公交车型可改为性能稳定、车型较小、占用道路面积少的公交车,以便于减少道路的占用率，加速车流的流通。发车频率也可在保证乘客输送的前提下适当减少。

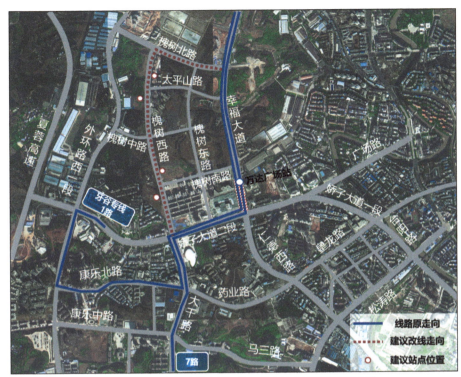

图4-11 资阳幸福大道全封闭施工公交站点及线路调整方案

总之，公交改线情况下，应在主要的交叉口及小区进行告知；公交站台迁移距离原站台距离不要超过1km；重点交叉口及路段必须保证做好公交线路指引工作；施工区周边的公交车禁止使用加长铰接车；发车频率不可低于原发车频率的1/2。

4.1.2 半幅及部分封闭路段

在占用半幅及部分道路施工时，对道路交通流的影响表现为：道路部分车道被占用，容易形成交通瓶颈，车辆的运行速度变得缓慢，车流就会呈现一定的拥堵状态；当占用部分人行道时，行人的人均步行面积相应地变小，行动也受到限制，人流就会变得拥挤，影响行人的正常通行。公共设施可能发生迁移，增加市民的出行距离，也会对周边的环境造成一定的影响。

4.1.2.1 机动车

1. 车道组织设计

根据《道路交通标志和标线 第4部分：作业区》（GB5768.4—2017）中的规定，机动车道最小宽度2.75m，对施工作业区内车辆可通行空间重新划分车道，尽可能增加车道数量。大型车辆较多时，最右侧车道可以设计为3m；围挡一侧车道边缘线距离围挡可以留出0.25m安全距离。若施工作业区稍加调整就可以增加一条机动车道，可与施工方协调调整打围方案。当施工工期为1年及以上时，可以考虑在现有道路红线内修建便道，保障车道数量不减少。

车道数量重新调整不仅限于施工作业区，根据交通流量重新分配情况，可在施工影响区范围内调整车道数量。

南充市下中坝大桥施工占用滨江大道半幅断道，拆除现有绿化带修建变道，保障机动车8m通行空间，单向通行。如图4-12红色区域所示。

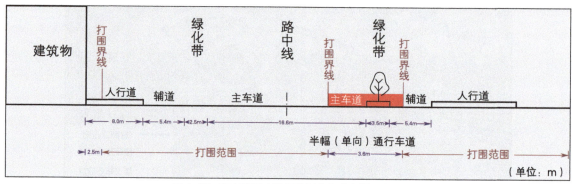

图4-12 南充滨江大道拆除绿化修建变道示意图

2. 车流组织

由于道路施工通行能力会下降，可在施工影响区范围内进行车流组织提高通行能力，包括限行、禁行、单向通行等。在进行交通流量路网上重新分配时，应考虑车流交通组织方案。

限行包括分时间段限行、分车种限行，高峰时段限行某类车辆、白天限行某类车辆，通常对大型货运车辆、社会车辆限行，不应对公共交通限行。

单向交通可以大幅度提高通行能力，当仅剩余1条车道时必须采用单向通行，剩余2条车道时，交通性主干道建议单向通行。如果2条车道采用双向通行，通行能力低且冗余性差，车辆缓行或故障均可以造成交通拥堵。机动车道数量在3条及以上时，建议设置反向公交专用道。

当采用单向通行时，应评价替代道路剩余通行能力是否充足，以及绕行距离是否可以接受，同时完善交通诱导标志。

南京市竹山路部分施工打围期间，通过数据分析，竹山路北向南单行时，道路交通饱和度为0.75；南向北单行时，道路交通饱和度为0.89。可推断竹山路北向南单向通行方案影响程度较低,最终确定竹山路单行方向为由北向南。

竹山路单行后,部分车辆需要绕行。竹山路(彤天路以南)由南向北机动车可经彤天路→兴民南路→科建路通行,绕行距离约390m。

竹山路(潭桥公寓)原由南向北车辆可经科宁路→兴宁路/兴民南路通行,绕行距离500m。

竹山路(天泽苑)原由南向北车辆可经竹山路→彤天路→兴民南路通行,绕行距离650m。

绕行线路和诱导标志分别如图4-13、图4-14所示。

图4-13 南京竹山路部分封闭施工单向通行绕行线路

图4-14 竹山路绕行诱导标志

3. 车辆限速管理

施工区车辆的运行条件较上游路段明显下降,此时车辆如果以和上游路段相同的速度运行,就容易造成交通事故或拥挤。因此,施工区必须实行限速管理,以保证车辆的安全通行。限制速度及组织设计参考第1章中表1-1给出的作业区限速值。

4. 车辆进出及交通诱导

施工路段上建筑物的唯一出入口应保留。多个建筑出入口间距较近时可考虑进行合并，通过设置的集散通道与施工路段开口衔接。同时在出入口处按相关规范要求设置通透围挡，以保障安全视距，施工区出入口立柱不得遮挡视线。

影响范围内区域交通诱导可参考全封闭路段施工。

5. 停车组织

对施工路段严格进行停车管理，可取消路边停车位，并对违法停车进行严格管理，增加停车成本以便减少路边停车，从而保障行车道宽度，方面居民出行，从而缓解周边交通压力。减少的停车位可以通过周边停车位加以补充，具体参考全封闭路段施工。

6. 交通设施

根据交通组织方案重新设置交通设施，如分隔栏杆、地面标线等。当车道重新调整后地面标线必须进行调整，将原有标线清除后重新施划。分阶段施工，不同阶段车道数量功能不一致时，应每一阶段施划一次标线，每阶段施工时长小于 6 个月时，可采用冷涂标线，但要达到《道路交通标线质量要求和检测方法》的反光要求。在施工作业完成时，应及时拆除临时设施并恢复原交通标志、标线及其他设施。行人/非机动车、公共交通交通设施可参照以上要求。

4.1.2.2 行人/非机动车

首先，行人/非机动车不适合长距离绕行。其次，在非全封闭路段施工交通组织设计中不应对步行、非机动车这两种交通方式进行限制。因此，交通组织设计应当依次优先保障行人、非机动车的出行需求。

人行道有效通行宽度不应小于 1.5m。尽可能在现有人行道上留出此空间，有路缘石保护可提高安全性。人行道全部被占用时，则需要使用分隔栏杆在路面上分隔出独立的人行空间。非机动车占用人行道通行时建议使用分隔栏杆将非动车和行人分开，保障行人安全。

人非共板通行，建议非机动车推行，通道有效宽度不应小于 3m；非机动车允许骑行时建议设置分隔栏杆，同时通行宽度增加 30cm 的分隔栏杆基础摆放位置，人非分开以保障行人安全，同时设置必要的交通标志等。

施工之前机非分开行驶时，则交通组织设计也应留出独立的非机动车道，单向行驶的有效通行宽度不应小于 1.5m，双向行驶的有效通行宽度不应小于 3.0m。剩余机动车道数量在双向 4 车道及以上时，应在机动车道和非机动车道之间设置分隔栏杆。

同时，设置必要的交通标志等交通安全设施，在上游过渡区适当位置设置行人通道指示标志、非机动车道指示标志等施工标志。夜间应在围挡、路栏上、实体交通岛端头等处设置施工警告灯。人行过街横道 20m 范围内、地面 0.8m 以上的部分采用网状或者镂空等通透式围挡。施工区车辆进出口的立柱不能设置的该范围内容，可以调整进出口位置或者采用不遮挡视线的细立柱。

内江市文英街施工打围占用北侧人行道（图 4-15 中蓝色区域），将影响沿线行人进出及通行，故在施工期间在打围区域以北设置人行便道，引导行人通过中间及两侧过街设施进行转换（图 4-15 中的红色流线）。文英街—团结街路口处行人便道可设置于在建桥梁西北匝道北侧，具体如图 4-15 所示。

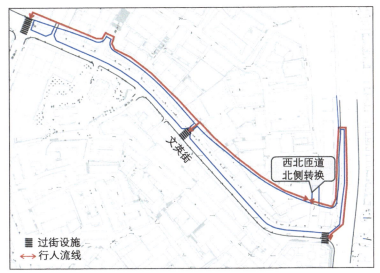

图 4-15　文英街施工打围期间行人绕行线路及过街设施

4.1.2.3　公共交通

对于公共交通的组织包括公交线路的优化组织、公交站点布局及设置、公交接驳方案、公交服务优化方案等，具体组织内容如下。

1）调整部分公交线路的停靠站点位置来减少对通行车流干扰，如将部分公交停靠站点沿道路前置或后置，以及调整至与施工道路相平行的道路。

2）在部分道路限制小汽车出行的情况下，可以增加公交车次以满足出行需求。

3）对于部分路段因施工不能满足大型公交车通行的，可设置小型公交进行中转。

4）应提前一周以上在公共平台宣传因施工导致的公交线路变化信息，保障居民提前获知相关信息以做出调整。

滨江路半幅封闭施工期间，周边道路组织单向通行，由北向南公交线路不受影响，但由南向北公交线路由于受大南街、红墙街等宽度较窄瓶颈路段的限制，采取由中型公交将客流送至换乘点，选用小型公交通过宽度较窄的瓶颈路段，再换乘中型公交到达目的地的方式来解决，其换乘点南侧选择在南门北街处，北侧选择在白塔大桥以北的滨江路一侧，其点位示意如图4-16所示。

图4-16 滨江路施工期间公交换乘点位

文英街打围区间内北侧有1个站点，南侧有2个站点，一阶段打围下道路宽度仅剩余7m，公交停靠对道路交通运行较大，且施工期间，上下客不便，在施工期间对公交站点位置进行调整。

具体来说：建议取消南、北两侧"文英街站"，将南侧"新宇广厦站"调整至文英街—团结街路口南出口道50m处，如图4-17所示。

图4-17 文英街施工打围期间公交站点调整

4.1.3 移动性作业

1. 作业车辆组成

1）移动作业车：在进行流动作业时，移动作业车（图4-18）宜由配备缓冲装置的施工保护车同行，所有移动作业车及施工保护车应配备闪烁箭头指示灯，指示灯在不影响缓冲装置的折合和打开的操作下，应尽量安装在施工保护车靠近车尾的位置。

2）施工保护车：施工保护车（图4-19）是用于保护移动作业车进行安全作业的车辆。

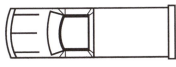

图4-18 移动作业车　　　　　　图4-19 施工保护车

3）所有移动作业车与施工保护车宜配备通信设施，以维持有效通信；所有移动作业车与施工保护车应开启车辆的危险警告灯，并开启闪灯和指示灯，以提醒驶来的车辆使用其他行车道，此外，施工保护车和移动作业车的驾驶人应留意车后的路面交通。

4）施工保护车与移动作业车之间的距离，应符合表4-1施工保护车缓冲距离中规定的缓冲距离，在弯位或没有足够视线距离的地方进行流动作业时，应在第一辆移动作业车与施工保护车之间加入额外配备缓冲装置的施工保护车，以免车辆越过施工保护车后意外进入有关路段；施工保护车应与移动作业车保持不多于100m的距离。

表4-1 施工保护车缓冲距离

设计车速/（km/h）	推荐距离/m	
	流动作业中停下的移动作业车	流动作业中慢驶的移动作业车
80以上	50	55
60~80	50	45
60以下	25	30

注：以上距离适用于速度为25km/h或以下的流动作业。

5）除开闪烁箭头指示灯、危险警告灯以及通信设施以外，施工保护车还需悬挂或安装移动性作业标志（图4-20），或者安置于后部（图4-21），用来警告前方道路有作业车正在作业，社会车辆驾驶人应减速或变道行驶。当移动性作业标志单独设置于作业区前时，标志边长不应小于100cm，下缘距离地面不应小于0.5m。

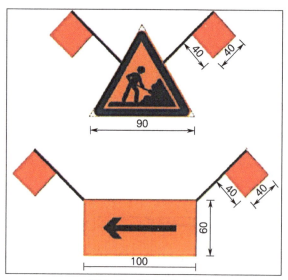
图 4-20 移动性作业标志

图 4-21 安装示例

2. 移动作业区布置

移动作业包括清扫、绿化养护、道路检测作业等工作，应尽可能避开车流量高峰期，严禁在能见度差的条件下进行作业。移动作业车后配备交通引导人员，或设置安装有移动性作业标志或可变箭头信号的保护车辆，也可在移动作业车上配备车载防撞垫。移动作业区布置示例如图 4-22、图 4-23 所示。当在停车短时进行作业时，宜在作业区范围布置锥桶。

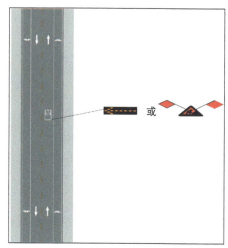
图 4-22 移动作业区布置示例（一）

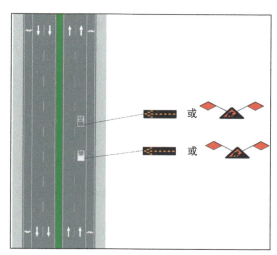
图 4-23 移动作业区布置示例（二）

4.2 平面交叉口施工区交通组织设计

下面以平面交叉口为对象，结合城市干道交叉口施工期间产生的交通拥堵问题，提出以下主要的施工区交通组织原则。

1. 协调施工时序

对于交通影响区域相同的城市交通基础设施，建议同步施工，以尽量减少施工影响时间；有助于交通分流的城市交通基础设施，建议提升建设优先级并加快建设工作；施工导致拥堵加剧的城市交通基础设施，建议错开施工、分段分期施工；充分利用好夜间施工时段，降低对白天正常道路通行的影响，并做好噪声防控以及安全保障。

2. "占一还一"原则

城市交叉口的进出口道数量直接影响着该区域的道路通行能力。施工直接占用交叉口空间资源，如果占而不还，势必造成局部的拥堵，增大路阻问题，甚至发生长时间、大面积的区域拥堵。因此在施工过程中，在道路红线范围内，应尽量提前开辟临时通行便道，尽量保证"占一还一"。如果不能从空间上建设临时车道，可考虑特殊的施工工艺，如暗挖、盖挖和支护开挖等，白天加盖保障车辆通行，夜间揭开钢板进行施工。从时间上尽量减少施工对交通的影响。如本道路条件无法满足，则应预先对相关路网上的相邻道路扩容以分流，间接地从总体上实现"占一还一"。

3. 交通设计优化原则

在对交叉口整体进行施工时，应分阶段施工，以免对各条道路同时产生影响。应分为进出口道施工和中心区施工两阶段进行，如图4-24所示。小型交叉口也可分为两次横跨式施工。

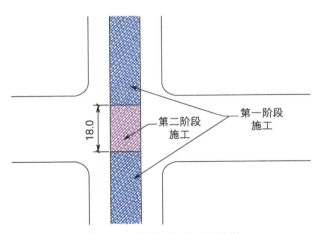

图4-24 交叉口分阶段施工方案

同时，以重新分配交通流量为前提，在剩余道路空间的基础上对交叉口进行重新设计和信号配时。

4. 疏通分流通道

为提高分流通道通行能力、缓解交通压力，应取消施工交叉口周边分流通道的路边停车位，优化沿线开口交通组织，如关闭靠近沿线的停车场出入口、小区车辆进出口等。同时，在施工交叉口周边区域及沿线主要路口设置悬挂式告示牌、发光标志以及引导人员等，明确告知驾驶人应采用的绕行路线。

5. 优化交通管控

为提升道路网通行效率、优化交通秩序，依据施工打围方案及交通流量重新分配结果，进行交通组织设计和信号配时，在施工影响区关键节点使用智能信号灯，形成绿波带控制；建议在项目周边道路交通拥堵较为突出的路段及交叉口适当增加警力，实行密集指挥、巡逻监控；在施工周边交通瓶颈、节点转换等位置设置限速、警示、反光、车道合分流等安全设施；利用隔离栏占用机动车道部分空间保证非机动车安全通行；增设大货车禁行标志和电子警察。

6. 加强交通宣传

施工前，积极联系广播、电视、报纸、网络等各种媒体进行广泛宣传，使群众有心理准备，提前发布交叉口施工期间绕行方案，合理引导交通出行。施工前期，定期开展鼓励公交出行宣传活动，通过发放公交出行宣传手册、广播、电视、网络等形式对市民进行全面的宣传，鼓励公交出行、缓解城区交通拥堵。

7. 事故应急原则

为保障区域交通顺畅通行，最大限度地减少事故造成的生命、财产损失，制定以下应急预案：通过电台、短信等平台及时发布事故信息及道路拥堵信息；快速处理事故，现场指挥交通；平台确定疏解通道，派遣警力至相关路口疏解指挥交通。

8. 保障"以人为本"

原则上优先保留原有的行人/非机动车的交通流组织方式。人行道不得因非作业区活动，比如停车、设备停放等而截断或移除，非机动车道可适当变窄，但必须满足最小宽度。必须保证交叉口内行人、非机动车等弱势群体的安全通行，同时适当考虑残障人员的出行需求，保证慢行交通少绕行或不绕行，避免和机动车之间的冲突。

9. 提倡公交优先

保障施工交叉口内公共交通的顺畅通行以及乘客的安全上下车，并鼓励市民乘坐公共交通来减轻交叉口的通行压力。公交车辆原则上不改道，以方便广大人民群众的出行，同时保证公共交通服务范围的稳定性，如必须改道，应在原站点处提供指引性交通标语或直接向乘客宣传。

4.2.1 进出口道施工区

进出口道施工区如图4-25所示，仅占用交叉口进出口道，未占用交叉口内部空间，不对相交道路交通产生影响。

4.2.1.1 机动车

在对交叉口进行施工时，占用车道会对原有交通造成较大影响，导致通行能力大幅较低，道路拥堵程度加重，通行时间增加。因此，必须对机动车以及交叉口采取一系列限制措施，以减少交通影响。

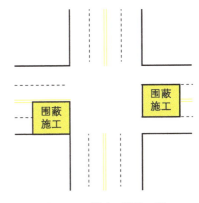

图4-25 进出口道施工区

1. 保障主流向通行能力

当交叉口的两条道路等级存在差异时，首先保证主干道的直行通行能力，次干道的交通流配合主干道进行调整。可以根据交通流量和剩余车道情况，采用限行、禁行、单向、潮汐车道等交通组织方式，在空间受限时优先保证交通主流向的通行。同时，应取消交叉口范围内的所有路内停车位。

加强交通诱导，分级交通诱导与路段相同，近端分流交通诱导应在施工交叉口上游具有分流能力的交叉口进行。施工交叉口哪一流向能力降低，就诱导该流向在上游交叉口提前绕行，减少通过性交通流，减少交叉口压力。

由于占道施工导致车辆行驶较缓，因此需要控制交叉口上游段的最高限速值，配合车流降低整体的交通流速，确保车辆行驶安全。限速值参照第1章中表1-1。

2. 优化车道

减小施工占道对原交叉口交通的影响，根据交叉口的实际情况，可采用以下方法保障车道数量最大化。首先，考虑压缩机动车道和非机动车道宽度，如图4-26所示。作业区规定机动车道最小宽度2.75m，大型车辆较多时，最右侧车道可以设计为3m；围挡一侧车道边缘线距离围挡可以留出0.25m安全距离。可以考虑拆除分隔带、修便道、使用人非共板等方式增加路面宽度。一般情况下，不建议占用人行道，当如果人行道较宽，占用部分空间后不影响行人通行的，可以考虑占用部分空间。此外，车道功能应根据施工后交通流量变化情况和优化方案进行调整。

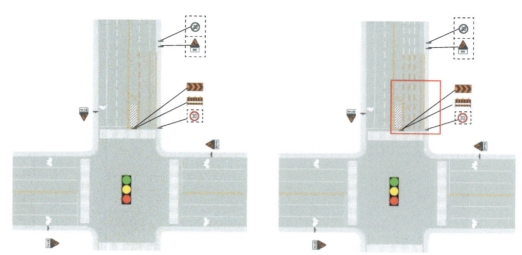

图 4-26　压缩车道宽度增加车道数量

3. 完善交通设施设置

根据交通组织方案重新设置交通设施，如分隔栏杆、地面标线、交通标志（如指路标志、分向行驶车道标志）等。当车道数量及功能重新调整后地面标线、导向箭头必须进行调整，将原有标线、导向箭头清除后重新施划。分阶段施工，不同阶段车道数量功能不一致时，应每一阶段施划一次标线，每阶段施工时长小于 6 个月时，可采用冷涂标线，但要达到《道路交通标线质量要求和检测方法》的反光要求。定期检查工作现场，确保交通设施的结构稳定，在施工作业完成时，应及时拆除并恢复原交通标志、标线及其他设施。

施工过程中如果拆除了打围区域内现有信号灯，应就近在打围区域外设置固定信号灯，或者设置临时信号灯，信号灯应有转向箭头和圆盘灯，具备分相位显示功能。

交通安全设施的位置不应妨碍驾驶人的安全视距。同时，交通路障需要经过钝化处理，不得使用过短且不连续的临时交通路障，避免车辆、行人与其发生碰撞造成伤害。

4. 进口道作业区交通设施布置

城市道路交叉口进口道作业区的交通设施布置示例如图 4-27 所示。

1）保障交叉口安全视距。交叉口 20m 范围内、地面 0.8m 以上的部分采用网状或者镂空等

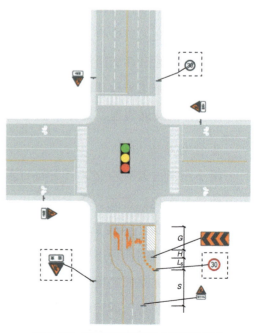

图 4-27　交叉口进口道作业区布置示例

通透式围挡。施工区车辆进出口的立柱不能设置在影响安全视距的范围内，如必须设置可以调整进出口位置或者采用不遮挡视线的细立柱。

2）利用渠化设施将上游过渡区、缓冲区和工作区围起，简化下游过渡区和终止区；封闭多条车道时，宜在每条车道设置上游过渡区。夜间应设置施工警告灯，施工警告灯应设置于围挡、路栏上，同时设置于渠化设施顶部。

3）根据交通量情况重新渠化进口车道数，并配合设置导向箭头引导车辆行驶方向。

4）施工作业影响行人或非机动车时，应在适当位置设置行人、非机动车通道指示标志。其他能进入该入口道的所有进出口道都应设置施工标志，并以辅助标志说明。

5）交叉口进口道作业区布置，可能会占用原出口车道作为进口道，会与对向进口道产生冲突，本向直行车辆会驶入对向进口道，或对向直行车驶入本向左转进口道，如图4-28所示。为减少这一冲突对安全的影响，应按照以下几个阶段进行渠化。

首先，同时压缩本向进口道和对向进口道的车道宽度，向各自的右侧压缩，以减少冲突。如果不能缓解冲突，可调整车道功能，将直行或直左车道改为左转车道，如图4-28所示。或者按照国标 GB5768.4—2017《道路交通标志和标线 第4部分：作业区》中的示例进行导流区设置。

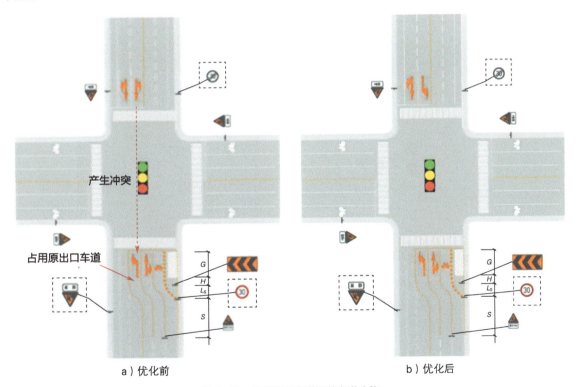

a）优化前　　　　　　　　　　b）优化后

图 4-28　借用出口车道调整车道功能

5. 交叉口出口道设置

城市道路交叉口出口道作业区的交通设施布置示例见图4-29所示。

1）交叉口出口道被占用施工，会与原来需要驶入该出口道的车辆产生冲突，见图4-30a。为减少这一冲突对安全的影响，应按照以下几个阶段进行渠化。

首先，同时压缩本向进口道宽度，向右侧压缩，以减少冲突。如果不能缓解冲突，可调整车道功能，将直行或直左车道改为左转车道，如图4-29所示。或者在正对作业区的直行方向进口道进行渠化，使该方向进入交叉口的车辆提前合流，如图4-30b所示。

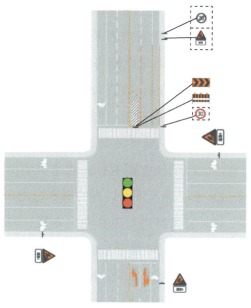

图4-29　交叉口出口道作业区布置示例

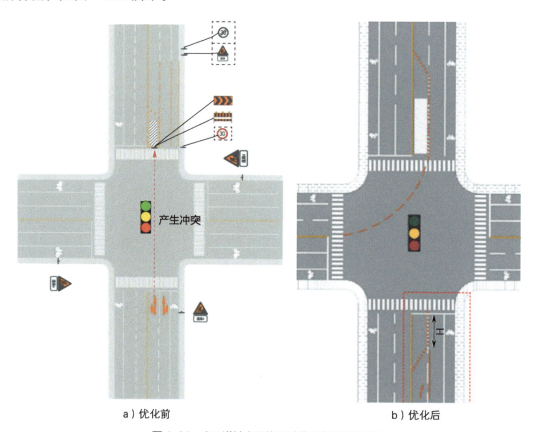

a）优化前　　　　　　　　　　b）优化后

图4-30　出口道被占用施工时进口方向渠化示例

2）作业区布置其他示例可详见国标 GB5768.4—2017《道路交通标志和标线 第 4 部分：作业区》中的示例。

西安地铁八号线延平门站施工项目，施工占道围挡位于沣惠南路与科技路交叉口，在充分研究沣惠南路以及周边片区道路和交通流特点，争取国家文物局同意，保障文物保护要求的基础上，充分利用原有人行道与绿化带空间修建"3 车道 + 人非混行道"的交通导改路，如图 4-31 所示。对交叉口进行重新设计，保证进出口车道数量协调，进出口车道均为 3 条；设置导流线，减少进出口车道错位的影响，如图 4-32 所示。

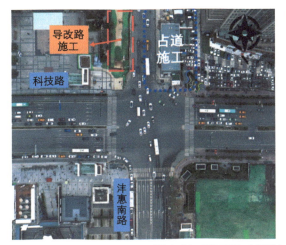 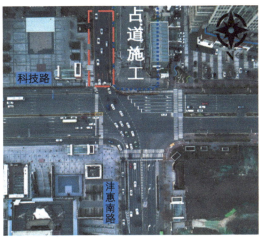

图 4-31　利用原有人行道与绿化带空间增加路面宽度

图 4-32　交叉口标线重新调整

4.2.1.2 行人 / 非机动车

1. 行人

1）为保证行人安全，临时设施应尽量满足现有行人设施宽度。交通控制设施和其他建筑材料及特殊物件不应侵入人行道、临时行人通道或其他行人设施的可用宽度。人行道最小有效宽度 1.5m，"人非共板"等其他情况人行通道宽度和设施要求见"半幅及部分封闭路段"行人 / 非机动车章节中的内容。

2）根据不同施工阶段的交叉口施工区位置和过街行人数，调整人行横道的位置、人行横道宽度以及行人信号配时，使其符合施工后的行人过街需求，如图 4-33 所示。

3）当施工交叉口的右转车流量增加时，建议将人行横道往路段方向后退 3~4m，减少右转机动车与行人之间的冲突，必要时可增设右转车辆专用相位。

4）当主要交叉口进行长期施工时，且行人流量大于 5000 人次 /h，小汽车流量大于 1200pcu/h 时，建议修建人行天桥或人行地道来帮助行人通过交叉口。

5）根据相应规范要求，保留或增设二次过街岛。施工区需尽量避开安全岛进行设置，

图 4-33　人行横道线调整

当施工区和安全岛距离过近时，需要保证安全岛的视野不被遮挡，并提前在施工区设置减速慢行标志以及发表标识牌等，有条件可在安全岛配置交通引导员，在行人过街处进行安全引导。

6）施工交叉口还需考虑老年人和残障人士，应按《无障碍设计规范》等相关规范保障完善的无障碍过街设施。

2. 非机动车

1）当非机动车流量较大要充分考虑非机动车等候空间。可采用非机动车左转二次过街（两次直行代替左转）、非机动车专用等候区等非机动车组织方式。

2）当非机动车流量达到要求时需单独设置非机动车道时，其最小宽度为 1.5m；非机动车较多时按照 1m 的整数倍增加非机动车道宽度。剩余机动车道数量在双向 4 车道及以上时，应在机动车道和非机动车道之间设置分隔栏杆。

3）对于交叉口附近投放大量共享单车的现象，随意停放的单车会导致人行道或车道

被占,或者在施工区边缘停放严重影响交通安全。建议在施工前联系对应的公司,严格设置禁停区,减少乱停乱放给施工区带来的不确定因素,必要时由指定人员定时清理违规停放的共享单车。

4.2.1.3 公共交通

对于进出口道被占施工区占用的交叉口,对公共交通主要有以下影响。

1)当施工占用车道数较多时,原交叉口没有更多的空间进行扩展,没有足够的空间满足公交的顺畅通行。周边路网丰富时可短距离改变公交线路,如右转线路在上游通过支路提前右转。原公交专用道可以根据实际情况取消或者调整时间段。实施单向通行交通组织,车道数量大于等于4条时,可以设置方向公交专用道。

2)当施工占用车道较少时,交叉口可通过压缩绿化带、原车道以及非机动车道等方式扩展出新的车道,有条件的情况下可将新增车道设为公交专用道。可选用车型较小、占用道路面积少的公交车,通过优化公交班次和发车频率以提高公交运载量,提高公交车专用道的使用率,且对于无专用道的交叉口能够减小与其他社会车辆之间的冲突。

3)公交停靠站原则设置在交叉口的出口道。出口道占道施工时,出口道公交停靠站首选向出口道下游路段调整,其次可以调整到进口道。进口道占道施工时,进口道公交停靠站首选调整到出口道,其次可以向进口道上游路段调整。其他情况可不调整。调整距离不建议超过200m。

4)当施工交叉口出口道公交停靠站公交线路较多时,高峰时期容易出现公交等候进站的现象,从而导致交叉口出口道拥堵问题,建议优化停靠施工交叉口的公交线路,如尽量避免同台换乘的需求等。也可以在出口道下游路段设置辅站,将部分次要线路调整到辅站停靠,辅站距离主站不超过200m。

5)当施工交叉口附近有轨道交通站点时,公交还需承担接驳功能,因此在进行施工占道时,应优先考虑接驳需求,充分研究后在保证公交的安全停靠原则下继续使用原有公交站点,或在公交接驳范围内选择新的停靠站点,再对道路进行占道施工。

4.2.2 横跨式施工区

横跨式施工区如图4-34所示,交叉口进出口车道和交叉口内部空间被施工部分占用。

当占用交叉口内部空间较大时,可以将其

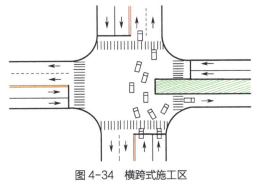

图4-34 横跨式施工区

分割为进出口道施工和中心施工两阶段。横跨式施工区与进出口道施工区主要区别在于，占用多个方向道路空间，尤其是占用相交道路的空间，造成车流行驶轨迹变形严重，行人/非机动车绕行距离较长。因此，横跨式施工区交通组织设计除可参考进出口道施工区交通组织设计内容外，着重考虑如何对交通流线进行优化，减少突变；合理设置行人/非机动车过街通道，减少绕行，保证安全。

当车道数量及路面宽度与路段相比明显减少时，可采用逐级减少车道数量或者采用较长渐变段的方式减少影响。可以简单考虑1：10的比例设置渐变段，即每偏移1m，渐变段长10m。在需要设置圆曲线时尽可能加大曲线半径，机动车道最小曲线半径不得小于表1-1作业区限速值所对应的圆曲线最小半径极限值（参照CJJ 193—2012《城市道路路线设计规范》），同时曲线处应设置车道加宽。

娇子大道—仁德西路交叉口南北向进出口道幸福大道、仁德西路横跨式打围后，占用了娇子大道道路空间，使得娇子大道进口车道数量减少，线形发生变化。原车道功能和施工车道变化如图4-35和图4-36所示。

图4-35　娇子大道—仁德西路交叉口原车道功能

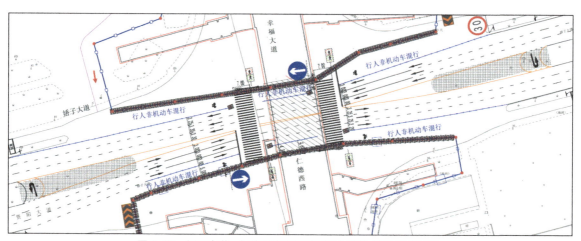

图4-36　娇子大道—仁德西路交叉口南北向横跨式施工车道变化

对于行人交通，横跨式施工占用原有人行横道，行人会借用原车辆通行空间，过街轨迹会变得复杂，绕行距离也会增长。如图4-37所示，由于幸福大道、仁德西路打围占用娇子大道空间，行人均需通过娇子大道车行道过街绕行，绕行距离达120~210m。对于非机动车交通，可以在人行道推行，如推行困难或者需要满足骑行要求时，应另选择路径，绕行距离会更长。同时，应增加行人/非机动车的必要分隔设施等交通安全设施。

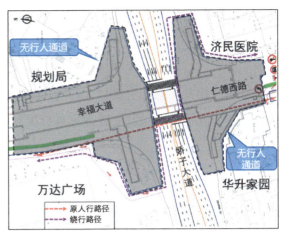

图 4-37 打围后行人流线示意图

4.2.3 中心施工区

中心施工区如图 4-38 所示，施工段设置在交叉口内，此类型的施工区由于交叉口内部空间被侵占，导致车辆的转弯半径变小，所以一般会限制机动车左转。同时中心施工区也改变了直行车辆的原有行驶轨迹，使得车辆通行速度降低。与横跨式施工区不同的是，中心施工区并没有过多占用非机动车道和人行横道，但排队车流通过施工区时可能会影响非机动车和行人的通行空间，因此需要对施工区进行交通组织优化。

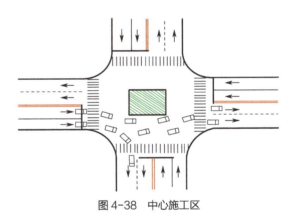

图 4-38 中心施工区

4.2.3.1 机动车

1）施工区面积较小的交叉口，剩余空间可以满足机动车在打围区域前直接左转的要求，即左转弯半径可以满足该处允许通行的大型车辆最小转弯半径要求。当机动车左转流量较大时，可通过压缩交叉口出口的人行横道、进口道停止线后退、增加左转待行区等方式辅助机动车安全左转。若左转车流量较少，则通过左转车辆绕行的方式，在交叉口禁止左转，并将左转车道改为临时直行车道或掉头车道。也可以禁止大型车辆左转，仅允许小型车辆左转。

2）施工区面积较大的交叉口，剩余空间不能满足机动车在打围区域前直接左转的要求。

首先，可以采用禁止某类或所有机动车的左转的方式，左转车辆改由其他道路绕行。将各进口道的左转车道改为临时直行车道或掉头车道。

其次，可采用环岛交叉口的管理方式。鉴于中心施工区面积较大，可以采用左转机动车绕环岛通行的交通组织方法，环形车道满足通行的大型车辆最小转弯半径要求，车道宽度应按规范加宽。根据交叉口大小可采用让行控制、交通信号控制的方法，并对交叉口内的交通岛、道路标线以及交通标志进行渠化设计。交通设施布置示例见图4-39所示。

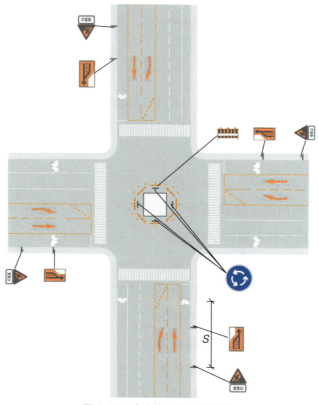

图4-39 中心施工区布置示例

在条件允许的情况下可以通过拆除部分临近交叉口中心区域的绿化带、实体交通岛、右转弯处的人行道，增加交叉口内部空间，优化直行和左转车辆的行驶轨迹。

无论采用哪种交通组织方法，中心施工区地面0.8m以上的部分，应采用网状或者镂空等通透式围挡，施工区出入口立柱不得遮挡视线。

由于中心施工区的特殊性，需在有限的交叉口范围内进行封闭施工，应尽量压缩施工空间，减少对其他交通参与者的影响。

4.2.3.2 行人/非机动车

转向车流受施工占道影响的交叉口不会占据人行横道和非机动车道，一般情况下不会对行人和非机动车通过交叉口产生影响。若出现施工后一个相位不能将排队车辆放完，则会导致排队车辆占用人行横道的问题，进而影响行人和非机动车的过街安全。此时，应评估交叉口的实际行人过街需求量，优化行人绿灯时间和人行横道宽度，按规范完善二次过街岛，让行人安全过街。另外，应禁止非机动车直接左转，可采用左转二次过街，即两次直行代替左转。

4.2.3.3 公共交通

中心施工区占据了交叉口内部很大的空间，因此公交在交叉口内直行或左转有一定难度。此时，可根据交叉口的实际情况，采取以下的交通组织建议：

1）根据通过施工作业区的公交车辆大小进行交通组织设计，调整车道宽度和转弯半径，车道宽度应按规范加宽。也可选用车型较小、转弯半径小的公交车替代现有公交车。

2）如果剩余空间无法保证公交车安全通行，则应优化公交线路，可参照全封闭路段施公交车交通组织设计要求。调整公交路线应做好宣传工作。

3）当施工交叉口附近有轨道交通站点时，公交还需承担接驳功能，因此在交叉口限制左转的情况下，优化后的公交路线尽量停靠在距离轨道交通站点200m附近，方便市民换成轨道交通。

第 5 章
快速路施工区交通组织设计
Chapter Five

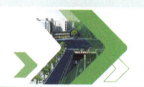

5.1 » 快速路施工交通组织的特点

城市快速路是城市路网结构中的主骨架道路，通常具有单向两条以上行车道，交通运行设计为连续流，设置中央隔离带，控制出入口的间距及设置形式，达到车辆连续且快速通行的目的，设有与车速对应的交通安全与管理设施，是城市中最高等级的城市道路。快速路设计车速相对高于一般城市道路，通行能力较大，是城市交通的大动脉，支撑着大范围城市空间的交通快速流通，是市内长距离交通及城市对外交通衔接通道。城市快速路可分为有辅路的城市快速路和无辅路的城市快速路。无辅路的快速路通常是城市高架快速路和城市周边高速路或城市主干道改造形成的快速路。

由于城市快速路的道路条件和交通运行状态与一般城市道路具有显著的差异，在快速路上占道施工的交通组织设计，其侧重点在于最大限度地减小通行能力损失和保障快速车流通过施工区的安全。

城市快速路的车速快，施工作业区的渐变过渡及预告信息设置的距离应依据快速路的运行车速，保证驾驶人的识别反应操纵时间，以及车辆在过渡区的运行轨迹距离要求。

城市快速路的通行能力大，在交通量大的城市快速路上占道施工，形成的交通瓶颈容易带来交通拥堵蔓延到城市主次干路上，造成区域的拥堵。

有辅路和无辅路的快速路在施工占道的交通组织方案设计上有很大的差异。有辅路的城市快速路在施工区间可以考虑借用辅路的车道组织交通，交通组织的道路空间利用相对灵活；无辅路的城市快速路在施工期间占道后，超过通行能力部分的交通需求只能在路网上分流来缓解施工占道带来的交通压力。

由于快速路在城市道路交通中的重要地位，因此对快速路施工应详细研究施工内容、工艺和占道的时间，从时空角度优化占道施工的计划，分阶段和分区域的优化占道，尽量满足主要交通流线和需求，减少占道带来的交通影响，在多种约束条件下取得最优化方案。

5.2 » 快速路的施工占道类型及交通组织要点

5.2.1 快速路占道施工的类型

1）根据城市快速路占道施工的时间跨度及时间点不同可分为以下几类。

①临时占道施工：在快速路上临时占道作业的时间在一天以内，通常在非高峰时段或者夜间进行的检修维护施工。交通组织的目标为保障交通正常运行，不发生大片区拥堵，尽量不改变施工道路用路人的交通出行方式和习惯。

临时施工交通组织的重点是确保施工作业的安全，完善作业区的交通引导和安全防护临时设施和设备，采用临时交通指挥人员对交通进行疏导。

②抢险快修施工：在快速路上抢险快修作业，通常是由于突发因素或局部损坏，需要进行快速修复，抢修抢险工程运用早强混凝土，不超过15天就能开放交通。占道时间覆盖了交通流的早晚高峰时段、占道后对路网上的交通运行畅通和安全可能会造成严重影响。

抢险快修占道交通组织的重点是采用短期交通管制、交通需求调控和路网分流诱导措施，通过社会公告和宣传诱导分流施工区的交通需求。作业区的交通安全管理设施需按照规范要求进行设置，以保障作业区安全。

③长期占道施工：在快速路上占道作业的时间长，通常为大修工程或者新改建工程的施工占道。占道后在较长一段时间内对交通运行产生较大影响，对区域居民的交通出行路径选择和交通方式选择都可能出现影响和改变。

长期占道交通组织的重点是采用交通方式转移和在路网上分流车辆，或者采用需求管制，限制部分车辆种类通过施工区域。施工交通组织包括作业区范围交通组织和外围影响区交通分流引导区的设施及交通优化调整工作。可能的话还可采用限号等管控方式，交通组织设计的工作量大。

④夜间施工：快速路白天的交通量通常大于夜间的交通量，一些短时的日常维护工程和检测检修工程可以安排在夜间进行施工。常见的夜间施工包括绿化养护、标线施划、标志安装、沥青路面罩面和少量的挖补等维护工作。

夜间施工的交通组织重点是保障交通运行和施工作业的安全，除了需要摆放白天施工需要的预告、警告、隔离等安全设施外，还需要考虑照明、灯光警示和视线诱导设施。

2）由于城市快速路会采用两幅路、四幅路及主辅路形式，因此快速路的占道施工可划分为主线全封闭施工、主线半幅封闭施工、主线部分车道封闭施工，辅道单侧车道全封闭施工和辅道单侧部分车道封闭施工。

5.2.2 快速路施工占道的组织要点

根据快速路施工占道类型分类，快速路作业区的施工交通组织重点类型为抢险占道和长期的占道施工，尤其是长期的车道封闭施工作业区交通组织，需要在路网上分流交通，并采取交通需求管理措施，此时对城市居民出行行为和习惯都会产生影响。

1. 快速路占道施工交通组织的分析思路

第一步，分析快速路占道施工的时间和空间范围，主要分析快速路施工占道的时段，占道空间是否合理，时空范围能否优化。

第二步，施工用地空间重新组织提供通行空间。占道后利用施工区范围的横向可利用空间进行车道调整，尽量不减少或仅略略减少快速路的车道数量。占道后，通过调整车道宽度或者借用应急车道、绿化隔离等空间、优化施工占用空间的时序和规模，努力实现占一还一的交通组织。按照不同车型的车道通行宽度需求，通过压缩车道宽度、借用应急车道等方式，对快速路剩余道路空间进行重新划分。机动车道宽度应符合相应规范规定，大型车辆通行车道的宽度不应低于3m，降低车道宽度同时对车速限制进行相应调整。

第三步，施工保通的工艺重构，减少占道时间。尽可能采用先进的施工工艺，少占用或者非高峰短时占用道路空间，实现时空挪移。对于道路放坡开挖或者上跨道路支撑等非必要占用道路通行空间的施工工艺，可采用临时工程措施来减少车道的占用空间和时间，保障交通的通行。如快速路的明挖工程采用暗挖、顶管、盖挖等作业方式，仅临时占用道路做工艺处理，可实现快速恢复通行。

第四步，施工区域时空重构提供通行条件。调整快速路占道施工项目的各分项工程和分步工程的时序，把工程永久部分和临时保通道路的建设结合起来，减少一次的占用空间，增加施工时间和转换次数，进行时空大挪移，为快速路的通行提供空间。这种思路在快速路的立交改造工程中常常会发现奇妙的思路和效果。

2. 快速路主线车道封闭施工

1）主线车道全封闭施工，在作业区主要是对进入封闭区前的各个立交匝道进行诱导，主线封闭区前应该采用逐级降速和逐级减少车道至下匝道的车道数。进入封闭区的入口匝道需要封闭，并在路网上进行诱导。主线全封闭交通组织方案的重点和难点是引导车辆走分流道路，通过多级分流将交通流分散到周边路网上，同时对分流道路的交通组织和管控进行优化。快速路交通分流和诱导通常涉及全城范围，建议车辆远距离绕行或者避开高峰通行。

2）主线半幅封闭施工时，宜在一般道路上设置替代道路进行分流。确保对向车道通行及安全前提下，可借用对向车道通行，但应做好隔离，并适度延长警告区和过渡区。当借用车道通行不能满足车辆通行需求时，需要考虑在路网上对部分车辆类型进行限制，或仅保留公交等特种车辆的通行。

3）主线某一方向的部分车道封闭施工时，车道数减少，通行能力降低，如果不能满足车流的通行需求，需要对车流在路网上分流，同时需要完善施工作业区的交通安全管理设施和对分流路网的交通组织进行优化调整。同时，应按规范完善作业区标志和安全设施，施工路段与出口距离不足200m时，应增设出口标志加强指引；当与入口不足200m时，宜在衔接道路、匝道处，增设施工预告标志及引导设施。

4）因主线占路施工导致出入匝道视距不佳，存在安全隐患时，可封闭部分出入匝道，同时完善封闭的告知信息和绕行指引。

3. 快速路辅路占道施工

1）辅路为单车道、路侧无空间借用，无法通过施工工艺和占道时空挪移等方式保障交通通行时，只能封闭车道施工。如封闭车道对交通影响较大，而剩余通行空间满足机动车道宽度要求时，可保持正常通行，必须完善安全引导与防护设施。

2）多车道的辅路占部分道施工时，根据辅路以及主线交通运行情况，确定主路进入辅路的出入口开启或关闭，减少辅路的交通压力并做好告知和分流引导。

3）未完全封闭施工的快速路出入口匝道，当有交通拥堵压力时，可采取对周边关联道路限流、分流组织方式，包括对车型、车牌尾号的限制措施，以及调整进入快速路的匝道控制信号方案设计。

快速路正常路段车辆行驶较稳定，临近施工警告区后车辆开始有换道、跟驰行为发生，伴随速度、通行能力的下降和交通冲突的产生，直到通过施工区后车流运行逐渐恢复正常。

5.3 快速路占道施工车道封闭的设施设置

由于快速路上下行车道之间有中央隔离设施，一个方向的车道施工占道只对该方向的行车造成影响。

封闭快速路主线一个方向的部分车道或所有车道施工，剩下的道路空间可以调整优化，设置车行道，维持交通的运行，主要调整方式如图5-1所示。

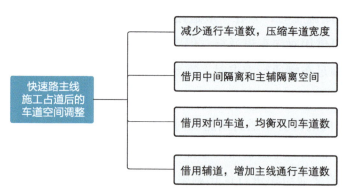

图 5-1 快速路主线施工占道后的车道空间调整方式

快速路施工占道后，施工区的车速应按需要进行调整，同时可以调整车道的宽度和占用路侧的隔离空间，用于车辆通行空间，重新设置车道，尽量满足通行需求的车道数量。

当占用了对向隔离空间后，需要完善对向的隔离防撞设施和防眩设施，占用了主辅隔离空间后，需要设置主辅隔离设施。

主线上封闭车道需要根据道路的运行车速，完善作业区的设施布置。作业区的设施设置需要满足驾驶人的识别反应需求和夜间的视认性要求。在有照明条件的道路上，应该设置夜间照明。

5.3.1 快速路部分车道封闭施工作业区的设施设置

快速路部分车道封闭的施工作业区设施主要为预告区标志，过渡区标志和封闭隔离设施，缓冲区隔离设施，施工区隔离设施和安全防护设施，作业区结束标志。

警告区、过渡区、缓冲区、下游过渡区和终止区的距离根据道路的运行车速，参照国标 GB5768.4—2017 的要求进行设置。当道路单向车道数量超过 2 车道时，可采用双侧布设标志，如图 5-2 示例所示。

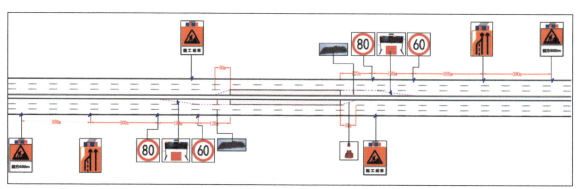

图 5-2 快速路部分车道封闭施工作业区标志设置位置示例

5.3.2 快速路全部车道封闭施工作业区的设施设置

快速路一个方向的车道需要全部封闭，应在快速路施工路段的车流上游不少于两个出入口，以及衔接的一般道路最近的路口，设置施工断交绕行的预告及对绕行建议路线告示。

快速路的封闭施工路段前，道路限速按照逐级限速的要求，速度下降等级差不宜超过20km，最后达到驶出匝道的限速值。

快速路的一个方向封闭前，需要把原有指路标志的部分信息遮蔽，避免误导车辆到达施工区，在原指路标志的位置，采用橙色的施工标志信息，引导车辆走新的路线。

快速路施工区的封闭需要从最近的一个立交下匝道处封闭，封闭车道需要逐级过渡，如图 5-3 所示。

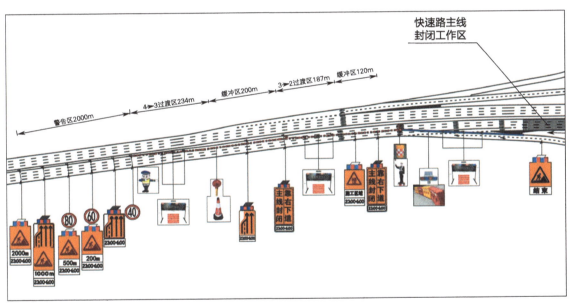

图 5-3 快速路全部车道封闭施工作业区标志设置位置示例

第 6 章
城市桥梁施工区交通组织设计

Chapter Six

6.1 城市桥梁施工交通组织特点

城市桥梁主要包括修建在河道上的桥梁、道路与道路立交、道路跨越铁路的立交桥及人行天桥。本手册涉及的城市桥梁施工主要为车行桥梁,总体可概括为通道型桥梁和转换型桥梁两类。通道型桥梁常见形式主要有过河桥梁、隧道连接桥梁等;转换型桥梁常见形式主要为立交桥梁。

桥梁作为城市交通的咽喉通道、转换节点,连接通道基本为城市交通的大动脉,关系到城市交通的整体通达性,是城市交通的制约点。桥梁占道施工易形成交通瓶颈发生拥堵,由桥梁连接主通道蔓延至周边路网,形成大区域拥堵。

城市桥梁的结构条件、交通形式与一般城市道路比具有明显差异。城市桥梁的占道施工交通组织设计的侧重点,主要在于保证桥梁结构和通行的安全性,以及保障桥梁的通达性。它们具体有以下特点。

1)桥梁属于空中作业,对承重荷载要求严格,所采用的交通组织方式应考虑桥梁的承载能力和荷载分布。

2)桥梁施工作业面狭小,且通行线路单一,占道宽度精确度要求高。

3)桥梁的施工作业,基本不具备交叉口或车道拓宽以及新建临时替代道路的可能,施工区改善措施相对较少,因此交通影响通常较大。

4)桥梁施工的工艺技术较一般道路更加复杂,施工成本相对较高,施工方式的唯一性强,施工组织调整可能性较小。

5)城市桥梁人行和非机动车的需求情况各不一样,交通组织需要考虑的因素存在差异。通道型桥梁往往需要同时承担行人和非机动车的需求;而转换型桥梁行人和非机动车与机动车道常常为分离式。

6.2 城市桥梁施工交通组织原则

1. 安全第一的原则

与一般城市道路不同，桥梁承载分布于桥面，作用于桥墩基础。施工过程中不仅有施工机械对桥梁荷载分布产生影响，同时有通行车辆对桥面荷载产生偏移的影响。桥梁施工作业及通行处于相对独立、疏散线路单一的空间，异常情况下，疏散和救援难度更大，事故后果往往也更加严重。因此，在进行施工作业时应以保证安全为基本前提。

1）针对施工过程中桥梁承载问题，原则上建议编制施工期间桥梁结构验算报告，明确施工过程中是否允许预留通行通道，以及承载要求。

2）应急救援设施。为应对可能发生的紧急情况，桥梁施工现场需要配备应急救援设施，包括但不限于：行人安全疏散通道、应急照明、应急电话、拖车等。

3）安全培训和管理。施工人员需要接受相关安全培训，了解桥梁施工的风险和危险，正确使用施工机械，遵守安全操作规程。施工现场应设立安全管理人员，对施工过程进行监督和指导，及时处理安全隐患和事故。

2. 通达优先的原则

首先是保证原通道的通达性，然后是分流通道的通达性，保障通达性的具体做法如下。

1）施工桥梁保通：在桥梁安全的前提下采用合适的施工工艺，不占用现有桥梁通行空间。必须占用桥梁通行空间的，尽可能采用分幅施工，保障原通道的通达性。优先保证公共交通、行人和非机动车通行。施工工艺允许情况下可采用夜间占道施工、非高峰占道施工等方式延长车辆通行时间。

2）路线规划：在施工期间，可能需要设置临时的交通分流路线来绕过施工区域。这些临时路线应合理规划，以确保交通的通达性。路线规划需要考虑一些因素，如交通流量、道路条件等。

6.3 城市桥梁施工的交通组织方法及设施设置

6.3.1 城市桥梁全封闭及半幅封闭施工

1. 通道型桥梁

通道型桥梁全封闭施工包括双向全部车道封闭施工和某一行驶方向上的全部车道封闭施工。

1)全封闭施工,适用于交通需求不大,无非机动车和人行交通,且转换通道便捷的桥梁。桥梁全封闭后,机动车可通过周边通道绕行抵达目的地,不对绕行通道造成较大影响,如图6-1所示。此法适用于桥梁出现重大安全隐患,或施工工艺技术要求必须全封闭施工的情况。

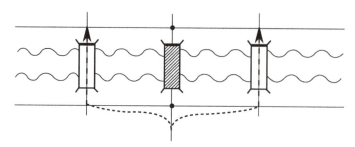

图6-1 双向全部车道封闭施工借两侧桥梁通行

全封闭施工中应对桥梁连接通道上的各分流点进行施工告示、预告、绕行指引等,封闭端头采取交通安全设施进行封闭打围,配备交通协管岗,如图6-2所示(具体设置可参照普通道路全封闭施工)。

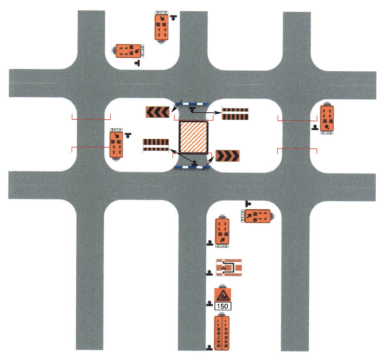

图6-2 桥梁全封闭施工交通设施设置

2)半幅封闭施工,采取对向车道双向通行。利用施工桥梁两端节点或中分带开口进行交通流线转换。此交通组织方式车辆全部集中到桥梁一侧,桥面荷载严重不均,对桥梁结构进行受力分析论证后方可考虑。

针对施工桥梁交通需求大，单侧道路无法满足双向通行需求时，可考虑采取特殊管理手段，对桥梁通行交通进行减重、减量等措施，将交通流分配至平行通道转换，或将高峰时段交通量分散至平峰等。施工交通组织方案的制定，需优先考虑公共交通的通行，通道型桥梁除公交外，人行和非机动车亦需相应保障。

交通设施设置。包括分流设施，桥梁连接通道上的各分流点进行施工告示、预告、绕行指引等；转换设施，交通转换预告、线形诱导、车道转换隔离设施；交通安全设施，施工区封闭打围防撞设施、单侧双通路段照明、防眩光设施；交通转换协管岗，如图6-3所示。

2. 转换型桥梁

转换型桥梁主要指立交桥，包括立交主线和立交匝道。全封闭施工，适用于交通需求不大，机动车可通过立交内部匝道、临时便道或者小范围道路进行转换的情况。通常情况下，大型立交行人/非机动车与机动车道基本为分离式，封闭主线机动车桥梁段不对其产生影响。

1）全互通立交主线桥梁双向全封闭施工，通过匝道转换至相交道路，通过打开临时掉头开口，实现交通转换，如图6-4所示。

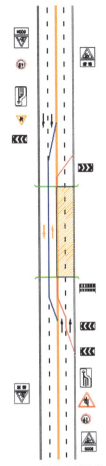

图6-3 单向全封闭借对侧车道通行设施布置图

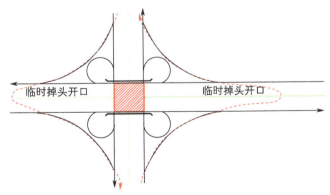

图6-4 全互通立交主线桥梁双向全封闭交通转换示意图

某一行驶方向上的全部车道封闭施工则同通道型桥梁情况类似，可采取对向车道双向通行措施。针对主线桥梁交通需求大，仅采取对向车道双向通行的交通转换方式无法满足通行需求时，可结合借相交道路打开临时开口掉头的措施，将借对向车道通行的交通流与借相交道路转换的交通流分离，分开组织，如图 6-5 所示。

2）简易立交主线桥梁全封闭施工时，通过平交口进行转换。如图 6-6 所示。

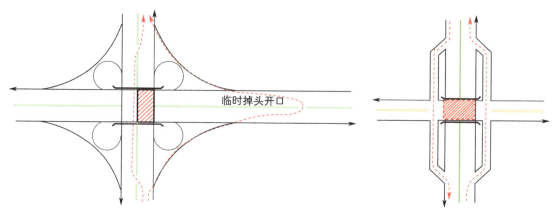

图 6-5　立交主线桥梁某一行驶方向上车道全部封闭交通转换示意图　　图 6-6　简易立交主线桥梁全封闭交通转换示意图

3）立交匝道桥梁全封闭施工，适用于机动车可通过立交内部匝道、临时便道进行转换的情况，且匝道交通需求小或交通转换路径可承载转移的交通压力。

例如，全互通立交匝道封闭，可通过其余匝道绕行转换的情况，如图 6-7 所示；通过临时开头掉头 + 匝道转换的情况，如图 6-8 所示。

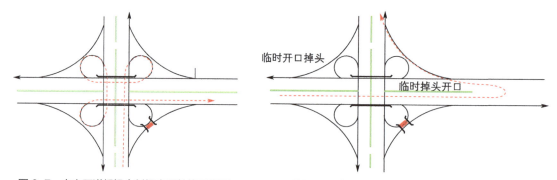

图 6-7　立交匝道桥梁全封闭交通转换示意图一　　图 6-8　立交匝道桥梁全封闭交通转换示意图二

交通设施设置。交通转换，桥梁连接通道上的各分流点进行施工告示、预告、绕行指引等；交通安全设施，施工区封闭打围防撞设施、线形诱导设施等；交通转换协管岗。

城市桥梁全封闭施工对公交、行人、非机动车影响较大，施工交通组织方案制定，需优先考虑公共交通的通行，保障人行通道。

1）制定详细的绕行路线方案。与公交公司、交通管理部门合作，制定详细的公交车辆绕行路线方案，根据实际情况规划绕行道路，并在重要路口设置指示牌和交通引导员，确保公交车辆能够顺利绕行。

2）调整公交线路和站点。根据施工影响范围，调整公交线路和站点，避开施工区域，保障公交出行服务的连续性和稳定性。同时，在绕行路段设置临时公交站点，方便乘客上下车。

3）加强公交车辆调度和调配。增加公交车辆的调度密度，特别是沿绕行路线的公交线路，以保证公交服务的频率和足够的运力，以满足乘客的出行需求。

4）在原公交站点处设置相关标志提醒市民站点迁移或取消信息，在新确定的公交线路及公交站点处，做好公交站点之间的衔接，并且距离应合理。

5）绕行条件良好的情况下引导行人、非机动车改道，或采用搭设便桥的方式通行。设置明显的临时通道标识，指示正确的通行方向和路线，使用临时护栏或者围挡将施工区域与行人、非机动车通道隔离开。

6.3.2 城市桥梁部分封闭施工

在保证施工桥梁安全的前提下，部分封闭桥梁施工应用较广，常见于各类桥梁施工中。施工过程中均需优先考虑公共交通的通行，通道型桥梁人行和非机动车亦需相应保障，转换型桥梁机动车通常与行人和非机动车道分离。

1）交通量小的通道型桥梁，占道服务水平影响在接受范围时，通过压缩车道通行，如图6-9所示。

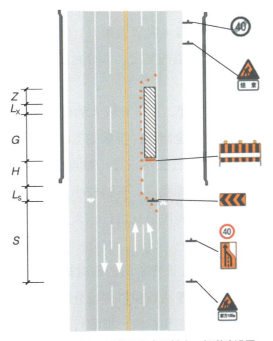

图6-9 临时交通设施设置参照城市一般道路设置

2）交通量大、通道型桥梁，除上述压缩车道保通的方式外，同时可用多种管理手段，对桥梁通行交通进行减重、减量等措施。将交通流分配至平行通道转换，或将高峰时段交通量分散至平峰等。具体措施如下。

①限制通行车型，如施工桥梁限制货车、大型车通行，允许小型车通行（公交除外）。

②限制通行车种，如施工桥梁限制私家车通行，允许公交、出租车通行。

③限制通行时段，如日间限制私家车通行，夜间取消限行措施；或日间限制货车通行，夜间取消限行措施；交通管制设施如图 6-10 所示，应配合施工期间临时设施一并设置。

④限制号牌，如单双号限行、尾号限行等，如图 6-11 所示。

图 6-10　限制通行车型、限制通行车种、限制通行时段等

图 6-11　限制号牌

3）匝道桥梁常见的形式有 2 车道 + 应急通道，1 车道 + 应急通道。占道期间通常将局部应急通道占用施工，保障通行车道的宽度。部分封闭施工的情况下应考虑上游的车道合并和限流。

4）公共交通。加大客流组织力度，在影响较大的公交车站加强乘客组织，更好地引导和安排上下车秩序，避免拥堵和安全问题。桥梁施工时，原有公交线路应进行保留，不改变行车路线，或距离施工区较近的公交站点进行站点的迁移或取消，采取半绕行路线。若改变公交车车型时，应尽量采用性能稳定、车型较小、占用道路面积小的公交车且适当加大发车频率。引导小汽车通勤交通转向公交出行，大量开行高峰期大站快运公交，并鼓励企业通勤班车。

5）行人、非机动车。在桥梁附近设置专门的临时通行道，将行人和非机动车从施工区域分离出来，并由物理隔离设施如栅栏或护栏进行分隔。在施工桥梁附近的进出口、通行道口等位置设置清晰可见的警示标志和标线，提醒行人和非机动车注意施工区域，并指示他们正确的通行路线。

6.4 城市桥梁施工区域交通组织优化

对于施工影响区的区域性交通组织优化主要有以下的优化方法和措施。

1. 优化出行方式

通过公交优先、提升公交便捷度、舒适度等措施，提升公共交通方式的吸引力。引导交通参与者优先选择绿色公共交通出行方式。

2. 实施交通总量控制、交通时空优化

通过交通管制和节流措施，控制影响区交通总量，如限制号牌、限制通行时段、限制通行车型、限制通行车种等方式。限制车辆转移至周边绕行路网或非高峰时段，平衡影响区施工带来的交通压力。

3. 优化绕行线路交通组织

提高道路通行能力充分利用并挖掘现有道路潜力，对部分路段和交叉口进行改造，提高现有道路疏解通行能力。适当增加道路供给，完善和疏通区域路网结构并新建临时疏解道路，促进交通微循环，提高片区路网可达性和整体疏解能力，缓解施工期间的供需矛盾。

1）关键节点分车道控制，转向优化以及信号调整。分车道控制，规范绕行线路上车道交通秩序，减少关键节点车辆集中和回溢；转向优化，包括调整转向车道，禁止部分次要转向。经历绕行交通流重新分配后，区域路网节点转向流量将发生较大变化，需通过优化关键节点的转向通行能力，平衡路网交通压力。视情况施工影响区道路及施工桥梁上增设临时交通信号灯。

2）关键线路可采用定向车道，压缩车道，单向通行等方式。定向车道是为转移需求大的定点交通提供专用快速通道，减少车流交织，提升道路服务水平。压缩车道宽度增加车道数量，提升道路通行能力。使用单向交通减少交通冲突，提升道路通行能力。

4. 加强信息发布和诱导

及时多方面、多途径的发布施工期间的施工信息、道路封堵信息、交通组织方案信息、交通管制信息，特别是公交绕行对市民的出行影响较大，建议在实施之前，提前以电视、报刊、广播等媒体或者流动信息版的形式通知市民，并在公交车内和站牌处贴告示，公交公司开设公开咨询电话，专人专线的解答线路咨询。同时，考虑应用先进诱导系统的交通实时控制，设置相应的施工警告标志和交通引导标志等。

第7章
城市隧道施工区交通组织设计

Chapter Seven

7.1 » 城市隧道施工交通组织特点

隧道通常指用作地下通道的工程建筑物。按照隧道的用途，可分为交通隧道、水工隧道、市政隧道和矿山隧道。而交通隧道又有铁路隧道、公路/城市道路隧道、水底隧道、航运隧道、人行隧道等多种形式。本书所指的隧道是指主要供车辆通行的城市道路隧道。按照隧道的长度，可以分为短隧道（L≤500m）、中长隧道（500m＜L≤1000m）、长隧道（1000m＜L≤3000m）和特长隧道（L＞3000m）。根据不同的断面形式，隧道可分为分离式独立隧道和整体式隧道，其中，分离式独立隧道是指相反的两个方向车流分别在各自方向的分离式隧道内单向通行，而整体式隧道则是两个方向的车流在同一个隧道内双向行驶，如图7-1、图7-2所示。

图7-1　整体式隧道

图7-2　分离式隧道

由于施工作业所在区位及其周边路网条件限制等的特殊性，与城市路段相比，隧道施工具有以下特点。

1）隧道内施工属于地下半封闭作业，对通风、照明等环境要求较高。

2）隧道内的施工作业，基本不具备交叉口、车道拓宽以及新建临时替代道路的可能，改善措施相对较少，因此交通影响通常较大。

3）隧道内施工作业面狭小，发生交通事故的风险较高，且事故后果往往也更加严重。

4）进出线路单一，疏散的要求较高而且难度较大。

5）隧道施工在时间方面的局限性较小，而在空间方面的局限性较大。隧道施工对天气状况的要求不高，雨天、雪天等不良天气条件下均可正常施工，且噪声污染较小，基本不存在夜间扰民的情况，因此可以全时段、全天候作业。但隧道内空间狭窄而不具备往两侧延展的可能，施工作业、材料堆放以及车辆通行等活动空间较为受限。

6）隧道施工成本较高。隧道施工相对于普通路段施工来说，施工难度更大，需要配备的设施更多（如通风、照明设施），施工成本也相对较高。

7.2　城市隧道施工交通组织的要点及原则

7.2.1　城市隧道施工交通组织的要点

在进行城市隧道施工组织时，要充分考虑其施工的特殊性，针对性地制定交通组织方案，其要点如下。

1）交通影响范围的划定时，除施工区周边邻近的1条或2条干道之外，还应将外围的分流通道一并划入。

2）交通调查时，除常规的道路等级、车道数、车道宽度、公交站点、沿线开口等交通设施情况和流量、车速、延误等运行指标外，还要对车辆构成尤其是大型车的类型和占比、公交车线路的走向、周边路网的交通组织情况（如单行道、路口禁止左转/右转等转向管理情况），以及隧道内现有通风、消防设施的数量及分布情况等，进行重点调查，以便为后续的车道宽度论证、车辆限制通行或改行方案的制定以及安全评估，提供数据支撑。

3）确定施工工艺、施工方案时，要充分考虑到隧道在区域路网中所承担功能的重要性，在保障安全的前提下，应尽量采取施工影响较小的施工工艺和施工方案，可采取化整为零、多次施工、逐步推进等方式，缩小每个施工阶段占道区域，尽可能避免断交、断道的情况。

4）在进行交通影响评估时，评估范围和内容较城市道路一般区域更广、更多，侧重点也有所不同。一是，除饱和度、服务水平等常规交通运行指标外，对于气体排放量和排队长度也应进行分析和评估；二是要对通风设施、消防设施以及拖车等应急设施数量和运行效果进行评估；三是要对行车视距、车道宽度等指标进行核查，判断是否满足车辆安全通行的需要；四是，对外围分流路径上主要路段和节点流量、饱和度、运行车速等运行指标是否满足安全、稳定通行的要求进行评估。

5）施工方案优化。面对以下情况时，应对施工方案进行优化调整：首先是当视距、车道宽度等强制性指标不满足安全通行需要时；二是评估结果表明占道施工作业后隧道及其附近区域道路长时间饱和度大于1，排队长度、行车延误较大，交通运行呈常态化拥堵，对城市通勤、就医、通学、出行等日常生活造成严重影响时；三是经评估废气排放量超过通风设施处理能力而又无法改善时；四是周边分流道路饱和度、行车延误等运行拥堵指标大幅度增长，对整个区域的正常通行造成严重影响时；五是交通组织方案实施后的前7日内，日均发生1次大面积区域性交通拥堵，或7日内发生1起以上重特大交通事故或3起以上轻微事故的，都应对交通组织方案进行重新评估、优化调整。

6）施工组织及配套设施设计。施工组织方面，要尽可能保通，避免某个方向交通中断。配套设施方面，采用的交通设施应具备良好的反光效果，线形诱导标等视线引导设施宜采用主动发光的形式；条件允许情况下，警示标志宜重复设置，以起到良好的诱导和警示效果，确保交通安全。此外必须注意的是：原则上，当施工占道后隧道线形存在车道数减少、改道等重大变化时，应进行作业区降速的专项论证，并设置限速标志、减速带（如需）等配套设施，以保障作业区的通行安全。

7.2.2 城市隧道施工交通组织的原则

由于城市隧道构造和空间布局的特殊性，城市隧道在施工时应遵循以下三大原则，并按照每个原则对应下的要求进行施工。

1. 安全原则

与一般城市道路不同，隧道内的施工作业集中在相对狭小、密闭的空间内进行，发生交通事故、火灾等紧急事件的可能性更高，事故后果更重，疏散和救援难度也更大。因此，在进行隧道施工作业时应以保证安全为基本前提，在施工过程中，除了需兼顾过往车辆、维修机械及相关人员的安全外，还需对通风、防火和拖车等配套设施进行必要考虑，以进一步提升安全性。具体内容如下。

1）通风要求：城市道路一般路段施工时通常没有此要求。而隧道内的施工作业集中在狭小、密闭的空间内，施工期间必须要保证隧道内部的空气良好流通，以防止因事故或者施工活动产生的粉尘、烟雾、有害气体等对施工人员和交通参与者的健康造成影响，其通风系统应进行合理的设计和布置，并具备紧急情况下应急排烟的能力，确保通风充分、流通良好。

2）防火要求：由于隧道施工过程中可能存在各种火源，如焊接、切割等工作，本身容易发生火情，同时车辆碰撞也可能产生车辆起火的情况，因此需要采取相应的防火措施。施工现场应配备消防器材、自动喷淋系统等灭火设施，并设立防火管理区域，严禁在该区域内进行明火作业。

3）应急救援要求：为应对可能发生的紧急情况，隧道施工现场需要配备应急救援和疏散设施，包括但不限于：拖车、安全疏散通道、应急照明、应急电话、消防器材等。上述设施应放置在容易寻找和就近的位置，以确保在紧急情况下能及时使用和配合救援。其中，拖车应具备拖移本工程施工路段通行的最大（最重、最长、最宽）车辆的能力，以便发生车辆抛锚、碰撞等交通事故时，可以快速疏散交通，避免车辆拥堵积压。

4）安全培训和管理：施工人员和交通安全管理人员应接受相关安全培训，了解隧道施工的风险点和处置流程以及措施，能够正确使用安全设备和器材。施工现场应布置数量充足、经验丰富的安全管理人员，对施工过程进行监督和指导，及时处理安全隐患和事故。

长度在500m以上的隧道内进行的施工作业，原则上应编制安全文明施工专项方案，对上述设施的配备数量、平面布置以及使用养护等内容，进行专项设计，并在报批施工交通组织方案时作为附件一并呈送。

2. 通达优先原则

一般而言，隧道周边路网结构通常较为单一，分流通道较少且分布较远，隧道在区域路网中承担着骨干道路的作用，是城市通勤、上下学、就医等日常活动出行的关键性通道。因此，在进行隧道施工作业时，要坚持通达优先的原则，不能因为抢工期或者节省经费等非必要原因，导致某一方向交通中断，更不能两个方向同时施工封闭，以免对群众日常生活造成不便，应按照以下要求进行设计。

1）对施工方案进行论证和精细化设计，保证车辆、行人安全通行的必要宽度，原则上单向单车道宽度不小于4m、双向2车道宽度不小于6m、人行通道宽度不小于1.5m。

2）合理规划、制定应急疏散线路，并对通道出口引导等配套设施进行合理安排。

3）建立有效的巡查机制，及时对车行通道和应急通道上散落的施工物资、歪倒的水马、锥形桶等障碍物进行清理，保障通道的常态畅通。

7.3 城市隧道施工的交通组织方法及设施设置

按照施工隧道的类型以及占道施工作业的具体位置，可将隧道施工分为整体式和分离式两大类型，也可分成占用一个或两个方向部分车道、全部车道施工等多种情况，其各自交通组织方法及设施设置情况如下。

7.3.1 整体式隧道施工的交通组织方法及设施设置

城市内整体式隧道通常为双向 2 车道或者 4 车道，几乎没有双向 6 车道及以上的情形。在诸如隧道立面、路面整治等施工作业时，根据占道宽度的情况，通常有占用一个方向部分车道、占用一个方向全部车道，以及占用隧道两个方向全部车道进行施工三种情形。

1. 占用一个方向部分车道进行施工交通组织方法及设施设置

占用一个方向部分车道进行施工，包含以下两种类型：一是局部微小占道，车道宽度虽然变窄，但车道数维持不变的情形（图 7-3）；二是指进行占道施工作业后，该方向剩余车道宽度能够满足至少 1 车道正常通行的情形（图 7-4）。

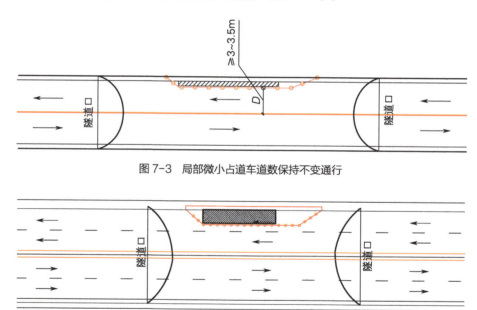

图 7-3　局部微小占道车道数保持不变通行

图 7-4　某方向占道作业后剩余至少 1 条车道通行

（1）某方向局部占道，剩余车道数保持不变的情形

当某一方向局部微小占道后（常见情况为占用现状路缘带搭设围挡），该方向能够通过压缩剩余车道宽度，从而保持现状车道数不变时，交通流线组织与现状保持一致，设施布置也较为简单，沿着施工区（上游过渡区、缓冲区、工作区、下游过渡区、结束区）依次为：施工警示＋距离组合标志、线形诱导标志、路栏、施工结束标志。所有警示标志上方均应附着设置爆闪警示灯，如图 7-5 所示。施工区外侧通常用锥形桶或水马进行引导和隔离。当过往车速过快，容易发生社会车辆冲入施工区造成事故时，应将锥形桶或水马更换为具备防撞性能的隔离墩、护栏或其他隔离设施。

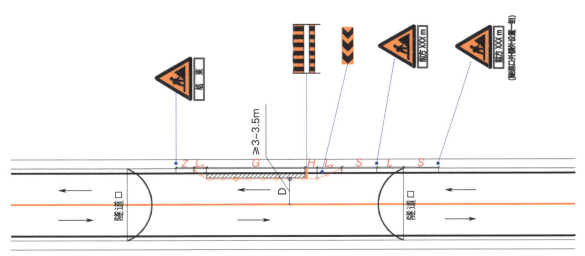

图 7-5　某方向隧道局部微小占道车道数保持不变交通组织及设施布置图

（2）某方向局部占道剩余车道数减少，但至少可保证 1 车道通行的情形

该种情形主要发生在双向 4 车道整体式隧道施工的场景，某方向局部占道后，车道数减少，但至少能保证 1 车道通行，车行路径与现状基本保持一致，但车道数减少，交通设施布置与上文"某方向局部占道后，剩余车道数保持不变的情形"基本一致，需特别考虑之处主要有以下两点。

一是额外在上游过渡区增设车道变窄或减少 + 线形诱导组合标志。

二是经分析论证，作业区因道路线形变差，需要采取降速来保障通行安全时，应设置限速标志和减速带（如必须设置）等交安设施。限速标志的设置应符合 GB 5768.4—2017《道路交通标志和标线 第 4 部分 作业区》中的相关规定。而当作业区限速值与临近的上游未施工正常路段限速差值 ≥ 30km/h 时，应采取逐级降速的方式，限速过渡的差值不宜超过 20km/h，可按每 200m 降低 20km/h 的方式设置。图 7-6、图 7-7 为作业区限速值由道路原限速值 50km/h 降低至 20km/h 时的设置方法。

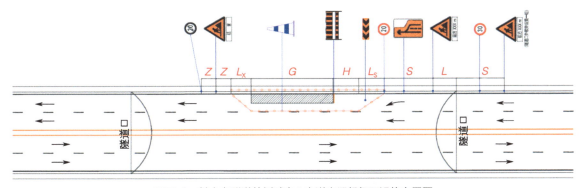

图 7-6　某方向隧道外侧减少 1 车道交通组织及设施布置图

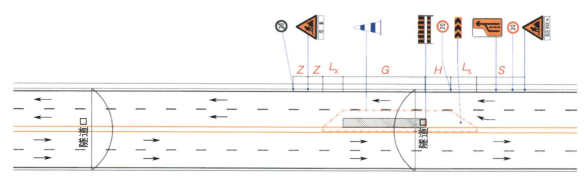

图 7-7 某方向隧道内侧减少 1 车道交通组织及设施布置图

2. 占用一个方向全部车道进行施工

它指占道作业后，该方向剩余车道宽度不能满足 1 车道正常通行的情形。具体又分为两种情况：一是双向 2 车道隧道，占道 1 车道后，仅剩余对向 1 车道通行；二是，某方向占道后，不能满足 1 车道通行，但通过借用对向部分车道，可以实现双向通行的情形。后一种安排又分为两种情况，一种是被借用的对向车道宽度变窄，但数量不变；另一种是被借用的对向车道数减少。

（1）剩余 1 车道通行的情形

双向 2 车道整体式隧道，占道后，剩余宽度同一时刻只能保证一个方向通行，在无便捷绕行路径的情况下，为了保证沿线交通的正常通行，只能采取"单道双通、交替放行"的方式，在施工作业区两端合适位置设置道闸和交通指挥人员，指挥两个方向的车辆依次交替通行，交通组织及配套交通设施平面布置如图 7-8 所示，隧道原限速值为 40km/h。

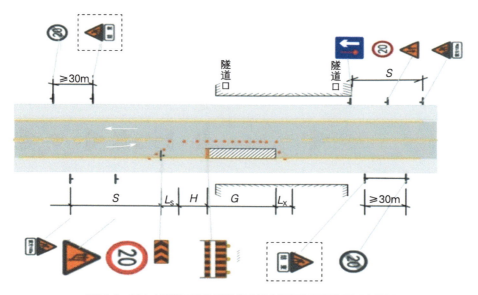

图 7-8 某方向隧道局部占道单道双通交通组织及设施平面布置图

（2）占道施工并借道对向车道后，对向车道数量不变的情形

双向4车道整体式隧道，某方向占道施工后剩余车道宽度不足1车道通行（如2.5m），但借用部分对向车道后，在对向车道数量不减少的情况下，占道施工一侧可以实现1车道通行，隧道剩余车道数量变为3车道。此时，应根据交通流量分布情况，对车道通行方向进行合理安排，某一方向车流量明显较大时，将该方向车道设置为2条车道。车道数减少和改道宜采取逐级渐变的方式，渐变段长度 L_S 及缓冲段长度 H 应根据车速情况进行计算得出。此外，隧道内对向车道之间宜设锥形桶、水马等可移动设施进行分隔，不宜设置水泥隔离墩、波形护栏等硬质隔离，以免发生事故、火灾等意外事件时，无法快速救援和疏散，同时分隔设施应进行防眩光的特殊处理。该种情形施工交通组织及配套交通设施平面布置如图7-9、图7-10所示，图中隧道原限速值为50km/h。

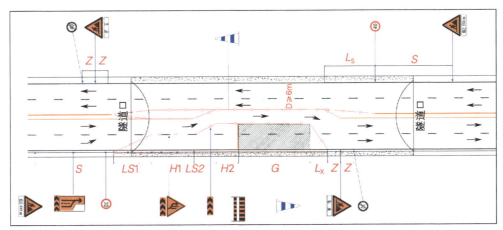

图7-9　4车道隧道单方向占1车道组织为"2+1"平面设施布置图

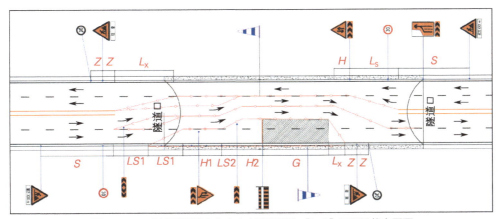

图7-10　4车道隧道单方向占1车道组织为"1+2"平面设施布置图

（3）占道施工并借道对向车道后，对向车道数量减少的情形

与上一种施工情况类似，不同之处在于占道宽度更宽，对向车道被借用后，车道数

减少，隧道整体剩余空间只能保证双向 2 车道通行，该种情况交通组织及设施布置情况如图 7-11 所示，图中隧道原限速值为 50km/h。同样，对向车道之间不宜采用硬质隔离，并应对可移动隔离设施进行防眩光处理。

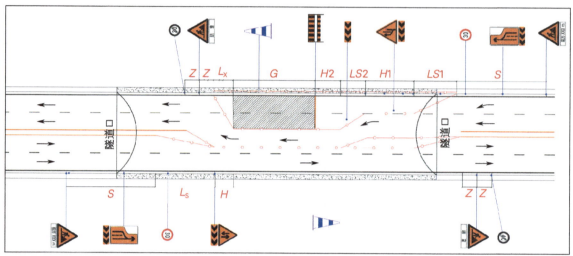

图 7-11　4 车道隧道右侧占道后，借用对向车道通行平面设施布置图

3. 占用两个方向全部车道进行施工

该施工方式指占道施工作业后，两个方向均无法正常通行的场景。该施工方式完全中断了原有的通行路径，造成出行习惯的极大改变和出行成本的大幅度增加，交通影响程度大、范围广，除了非施工工艺硬性制约等特殊情况外，原则上不得采用该种占道施工方式。

当不得不采用该种施工方式时，组织方法及设施设置类似于全封闭道路进行施工。

一是在隧道两端合适位置设置车辆掉头空间，并配套设置必要的引导设施。

二是在隧道两端的上游合适位置（通常为交叉口处）设置相应的告示和诱导标志，引导车辆通过其他路径绕行，绕行路径上引导标志应连续设置，直至回归原通行路径。如图 7-12、图 7-13 所示。

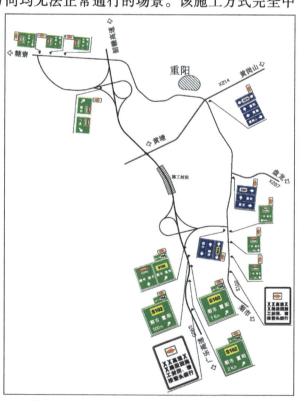

图 7-12　封闭施工时整体绕行通行设施布置示意图

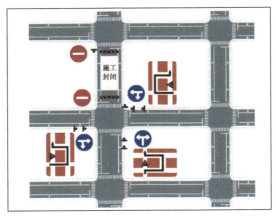

图 7-13 封闭施工时局部绕行通行设施布置示意图

7.3.2 分离式隧道施工的交通组织方法及设施设置

分离式隧道常为双向 4 车道及以上，单方向车道数量 ≥ 2 条，施工组织方法及设施布置与整体式隧道差别不大，且往往更为灵活。

1. 某个隧道内部分车道施工

分离式隧道道路条件优于整体式隧道，两个方向隧道可以同时进行施工作业，两者互不干扰。为保障通行效率和紧急情况下的交通疏散，宜分段推进实施，每次占道范围不宜过长。某个隧道内占用部分车道施工交通组织及设施由近及远依次为施工警示+距离组合标志、施工区限速标志（如需）、车道变窄或减少或封闭标志、线形诱导标志、路栏、施工结束标志、解除限速标志（如需），所有警示标志上方均附着设置爆闪警示灯，布置如图 7-14~图 7-16 所示。

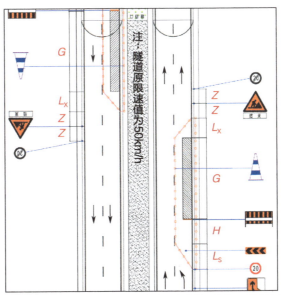

图 7-14 分离式隧道占用内侧或外侧 1 车道施工组织及平面布置图

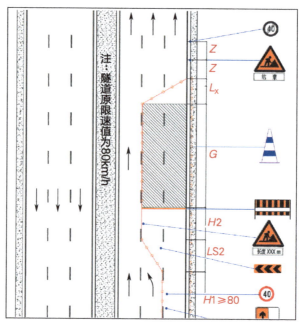

图 7-15　分离式隧道占用外侧 2 车道施工组织及平面布置图

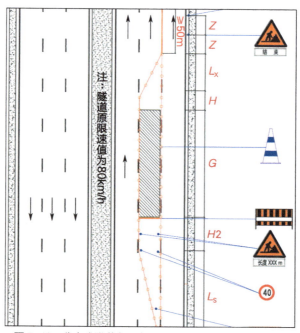

图 7-16　分离式隧道占用中间车道施工组织及平面布置图

2. 某个方向隧道封闭施工

当受客观条件制约，不得不对某个方向隧道采取封闭施工时，可在隧道两端的并线段通过已有的应急缺口或者新打开中分带缺口，借道至对向通行。交通组织及其设施布置如图 7-17 所示。

第 7 章 城市隧道施工区交通组织设计

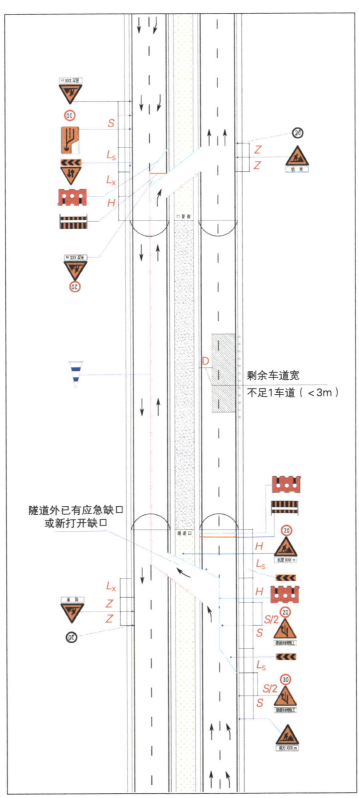

图 7-17 分离式隧道某方向隧道封闭施工交通组织及设施布置图

第8章
施工作业车辆管理
Chapter Eight

8.1 施工作业车

施工作业车辆车身应统一喷涂为橘黄色，作为安全示警标识，在不影响过往车辆通行的前提下，其行驶路线和方向不受交通标志、标线限制，过往车辆和人员应当注意避让。在进行流动作业时，移动作业车（图8-1）宜由配备缓冲装置的施工保护车（图8-2）同行。所有施工作业车辆应开启车辆的危险警告灯，并开启闪灯和指示灯，以提醒驶来的车辆使用其他行车道。

图8-1 移动作业车

图8-2 施工保护车

8.2 安全设施配备

所有移动作业车与施工保护车宜配备通信设施，以维持有效通信。同时，应在尾部安装车载式碰撞缓冲装置用于吸收碰撞车辆能力，保护施工作业人员和设备安全，如图8-3所示。所有移动作业车及施工保护车应配备闪烁箭头指示灯，由可以控制明暗的发光矩阵组成，是作业区交通设施的补充，根据需要调整箭头的方向和形状，可使其闪烁以增强警告效果。指示灯在不影响缓冲装置的折合和打开的操作下，箭头信号下边缘距离地面应大于1.2m，应尽量安装在施工保护车靠近车尾的位置，如图8-3所示。

图 8-3 车载式碰撞缓冲装置

8.3 » 施工区进出管理方式

施工作业车辆的进出口宜分别设置在作业区两端，进出方向与道路交通运行方向一致。进出作业区时，应避免转弯进入，无法避免时，应采用右进右出方式，总宽度为 5~7m。

路段施工时道路交叉口路缘石半径的切点向主干路延伸 70m，向次干路延伸 50m，向支路延伸 30m 范围内不应设置施工作业区进出口。沿道路同侧连续进出口间的水平距离不应小于 40m，距离过近时宜合并设置。交叉口施工作业时，施工作业车辆的进出口应尽可能远离交叉口中心区。如果进口视距不良，车辆尤其是大型车辆进出时，应有人指挥进出，以避免与车辆、行人发生冲突。

运渣车、混凝土泵车、吊车、材料设备运输车等大型车辆，应制定专门行车路线，尽可能避免在学校或者小区周边行驶，通行时间段应避开交通高峰和学生上放学时间。

第 9 章
施工作业区交通管理技术
Chapter Nine

9.1 » 施工道路行人车辆避撞预警系统

在需要长期作业的路段上,施工区周围会架设挡板来保障工作人员的安全。但是,当车辆通过施工区时,这些挡板的存在无疑会遮挡驾驶人的视线,造成视野盲区。此时,若一名处于盲区范围内的行人从施工区一侧横穿马路,由于驾驶人无法观察到行人并及时提前采取避撞措施,便极易引发交通事故。

目前,车路协同技术的发展为解决此类问题提供了思路和方法,施工区行人过街避撞预警技术通过一系列的监测和传感设备,实时监测施工区下游视野盲区范围内的过街行人。遇到紧急情况时,通过一定的车内预警装置将语音预警信息发布给驾驶人,辅助其采取紧急避险措施,从而避免发生碰撞或减少事故严重程度。

此系统包括行人信息采集模块,用于采集行人位置信息和行人速度信息;遮挡物位置信息采集模块,用于采集遮挡物位置信息;避撞信息处理模块,用于根据所述行人位置信息、行人速度信息、遮挡物位置信息以及车辆位置信息和车辆速度信息,判断是否应发送预警信息;车载控制模块用于采集车辆信息,并接收所述预警信息。根据行人位置信息、速度信息、遮挡物位置信息以及车辆位置和速度信息构建驾驶人盲区范围模型,确定行人是否处于驾驶人盲区范围,判断是否发送预警信息。该系统能够为通过道路施工区的车辆提供行人通行预警信息,避免因驾驶人视线遮挡而造成交通事故的发生,提高了交通安全性。

根据这种行人车辆避撞预警系统,改良并设计了基于车路协同的施工道路多级预警系统,其特征在于:包括车流量信息采集模块、预警信息处理模块、车载控制模块。车流量信息采集模块用于采集施工道路的车流量信息;预警信息处理模块用于根据车流量信息结合施工位置和车辆信息得到预警参数信息,根据预警参数信息结合所述车辆信息判断是否发送预警信息;车载控制模块,用于采集所述车辆信息并发送给所述预警信息处理模块，接收所述预警信息。通过对道路交通状态以及车辆当前状态的实时监视和跟踪，引导驾驶人在不同交通状态下执行不同驾驶策略，有效控制了车辆的随意汇合行为，减少了由于随意换道产生的交通延误，提高了交通效率。同时，通过多级预警，可以减少可能发生的交通事故，保证施工区的安全。

该方法第一步先采集行人位置信息、行人速度信息、遮挡物位置信息，以及车辆位置信息和车辆速度信息；第二步根据所述行人位置信息、行人速度信息、遮挡物位置信息以及车辆位置信息和车辆速度信息，构建驾驶人盲区范围模型；第三步根据所述驾驶人盲区范围模型，确定行人是否处于所述驾驶人盲区范围；第四步若行人处于所述驾驶人盲区范围，则判断是否应发送预警信息。

此系统通过雷达探测器和车载控制器的信息采集和信号传输，实时获取行人和冲突车辆的时空位置、速度等信息。经过信息处理模块的分析与处理，计算驾驶人当前位置视野盲区的覆盖范围，并判断是否满足预警发布条件。如果碰撞风险确实存在，预警模块立即向冲突车辆发送语音提示，从而减少施工区碰撞事故的发生，提高交通安全。

9.2 道路施工作业区自适应限速提示系统

对车辆进行限速是保障高速公路作业区安全的主要方法之一，目前国内大都通过在距离作业区一段距离放置临时限速牌进行限速提示，但这种方式限速标识是不变的，在通行条件良好的情况下影响了通行效率。而高速公路施工作业区自适应限速提示系统，可以用于自动检测高速公路施工作业区入口处的车辆速度，并能显示该速度，从而辅助施工作业区上游的驾驶人控制车辆速度，提高车辆通过施工作业区的效率和安全性。

道路施工区自适应限速提示系统，包括智能桶、桶管理器、现场主管理器和信息发布装置。智能桶和桶管理器通信连接，桶管理器和现场主管理器通信连接，现场主管理器和信息发布装置连接。其中，智能桶包括电池、检测器、智能桶控制器、信号灯、无线电模块和天线、检测器、信号灯、电池、无线电模块，都分别连接在智能桶控制器上，天线和无线电模块连接。桶管理器包括桶管理控制器，以及分别和桶管理控制器连接的下位通信模块和上位通信模块。现场主管理器包括主控制器，以及分别和主控制器连接的GPS接收器、现场主管理器无线电模块、通用分组无线电模块。

此系统能自动检测和显示高速公路施工作业区入口处的车辆速度，为驾驶人提供施工区入口位置的车流速度信息，从而提前进行速度控制，能减少高速公路交通事故，提高高速公路施工区行车安全和行车效率。

道路施工作业区自适应限速提示系统的智能桶，用以对施工区入口位置车辆速度进行探测，并将数据通过桶管理器传输到现场主管理器，现场主管理器将接收到的施工区入口位置的车流速度数据，传输给安装在高速公路施工作业区上游位置的信息发布装置，实现在上游位置对施工区入口位置车流速度的实时发布。

启用该系统后，驾驶人可以在施工作业区的上游通过显示器了解施工作业区入口处的车流速度，进而提前进行车速控制，保证了通行效率，提高了施工区路段的安全。

9.3 施工区交通管理系统

车辆通过施工区道路的行驶状态属于一种高负荷的复杂驾驶任务。由于公路施工路段通行能力的减小，往来车辆、施工人员以及机械、施工占道护栏等设施造成交通环境复杂，易诱发交通拥堵与事故。施工区交通管理系统利用远程可控可协调的电子标牌，根据施工区复杂多变的交通环境实时调整信息显示，所构建信息系统实现各单位间信息互联互通和实时更新，同时使用仿真软件对施工区域的交通诱导方案进行比较，还可将许多功能集成到App上，实现交警智能办公，可以说具备了六个方面的功能：施工工地管理、施工围蔽方案管理、施工交通组织方案管理、施工交通仿真、电子标牌管理，以及面向交警的App。它实现了交管部门、施工单位之间的信息共享、通过交通仿真技术选择最优交通优化组织方案、灵活调整交通组织方案。

该平台由WEB端、交通仿真平台以及App组成并提供操作权限，使用者对象包括管理员、交管部门、施工单位以及交警。不同使用者有不同的使用权限，如图9-1所示。

管理员具有最高的访问权限，具有所有信息增删改查的权限。

交管人员具有较高的访问权限，具有：创建新施工项目；新增、删除、修改和查看系统中所有施工单位、施工项目信息；提供综合的交通组织方案；处理施工单位的围蔽方案申请，并根据规定提出修改建议；处理由执勤交警从现场通过App反馈的不规范的围蔽信息，并通知对应施工单位在限期内更改等权限。

执勤交警主要使用App进行工作上的处理，包括使用App进行标志牌的信息录入、电子标牌信息的更改；对不规范的围蔽信息进行上报；对整改进度进行追踪等。

施工单位权限较低，账号由交管部门提供，主要进行自身单位的信息录入、负责的所有施工项目信息录入，以及围蔽方案的提交和修改，只能查看本单位以及自身所有项目的详细信息。

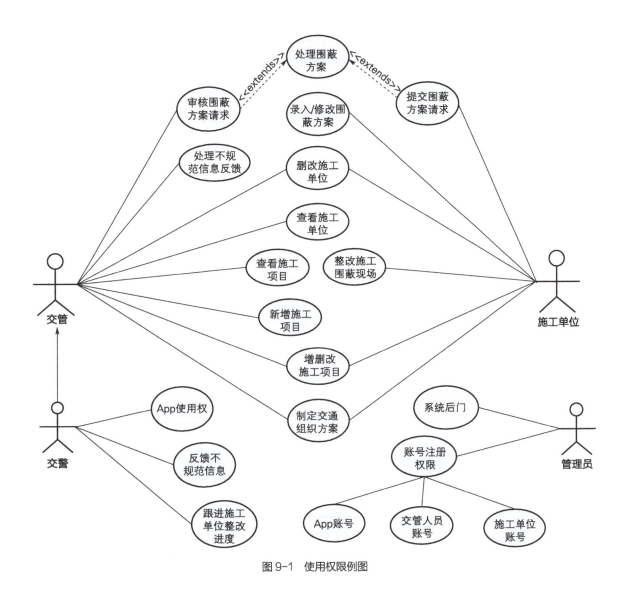

图 9-1 使用权限例图

9.4 施工区交通仿真技术

1. VISSIM

VISSIM 是一种微观的、基于时间间隔和驾驶行为的仿真建模工具,用于城市交通和公共交通运行的交通建模。它可以分析各种交通条件下,如车道设置、交通构成、交通信号、公交站点等,城市交通和公共交通的运行状况,是评价交通工程设计和城市规划方案的有效工具,并在许多国家和城市设计规划中得到广泛使用。

利用微观交通流模拟的手段,在给出一定的路径选择方案的条件下,运用交通流跟驰模型、超车模型、换道模型等理论,同时考虑机动车与道路网的微观参数,来模拟项目产生交通量在周边道路网中运动的过程。这种方法的优势为：在交通分析的过程中包含了机动车与道路网的数据，从而反映出交通设施与机动车之间以及机动车相互之间的影响关系。此外，微观交通流模拟能够反映道路网某一局部的交通流运行状况，因此与以往的宏观交通分析相比，这种方法更容易发现项目内部交通设施与交通需求之间的矛盾关系。

VISSIM 的仿真和模型构建流程常在施工区应用，利用交通仿真对方案效果进行分析，建立施工区附近道路路网，对交通量、路径、信号控制、优先规则、停让规则等相关仿真参数进行设置，通过文件输出交叉口延误时间、排队长度、行程时间等各种交通评价指标参数，评估施工期交通组织方案，并不断优化信号周期和相位时长等参数，得到更优的交通组织方案。施工区仿真和模型构建流程图如图 9-2 所示。

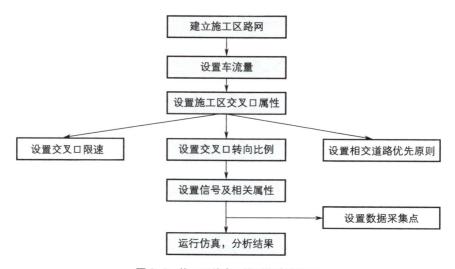

图 9-2 施工区仿真和模型构建流程图

首先，根据视频监控和实地采集的信息，确定了仿真范围内道路的各项数据（车道数、道路宽度、转向车道分布、路侧停车位、限速、信号灯相位及时长）和交通流数据（车流量、车流方向）；然后，根据卫星地图在 VISSIM 内添加路网，并将已获得的道路数据加入路网之中；根据交通流数据，添加车辆输入和静态路径，使仿真车辆运行路径与现实相近。

为了更好地体现施工区对路网的影响和各项优化方案的疏导效果，可以进行四次不同阶段和疏导方案的仿真评估。

第一次：施工前交通评估。此时未进行施工区围挡，道路数据、交通流量和组织方案按照实地采集结果进行设置，所得评估数据作为当前路网的评估结果，方便与之后的评估数据进行比较。

第二次：施工后交通评估。在现有路网的基础上添加施工区，根据所得评估数据研究施工围挡对整个路网和重点路口的影响。

第三次：现有交通组织方案评估。在添加施工区的基础上，增加了交管局给出的交通组织方案，以第一次和第二次评估结果为参考，评价现有组织方案对缓解路网和重点路口拥堵的效果。

第四次：改进交通组织方案评估。在添加施工区的基础上，按照改进的交通组织方案进行车流组织和信号配时，以前三次评估结果为参考，评价改进的组织方案对缓解路网和重点路口拥堵的效果。

2. TESS NG

TESS NG 国产微观交通仿真系统是融合了交通工程、软件工程、系统仿真等交叉学科领域的最新技术研发而成，在施工区或事故区的仿真评估也有广泛应用。利用微观交通仿真对方案效果进行分析，建立施工区区域路网内道路路网，对交通流量、路径、信号控制、道路限速等相关仿真参数进行设置，通过软件的"评价"功能快速输出交叉口延误时间、排队长度、行程时间、断面速度等各种交通评价指标参数，评估施工期交通组织方案，并不断优化信号周期和相位时长等参数，可以得到更优的交通组织方案。仿真场景如图9-3所示。

图9-3　软件中施工区仿真场景

TESS NG 在进行施工区的仿真评估时，一般会构建四个方案模型。

方案一：施工前交通评估，此方案一般也称为原方案、其未进行施工区相关属性设置，道路数据、交通流量和组织方案按照实地采集结果进行设置，所得评估数据作为当前路网的评估结果，以便与之后的评估数据进行比较。

方案二：施工后交通评估，在现有路网的基础上添加施工区，根据所得评估数据研究施工围挡对整个路网和重点路口的影响。

方案三：现有交通组织方案评估。在添加施工区的基础上，增加了交管局给出的交通组织方案，以方案一、方案二的评估结果为参考，评价现有组织方案对缓解路网和重点路口拥堵的效果。

方案四：改进交通组织方案评估。在添加施工区的基础上，按照改进的交通组织方案进行车流组织和信号配时，以前三个方案的评估结果为参考，评价改进的组织方案对缓解路网和重点路口拥堵的效果。

TESS NG 拥有快捷、简单的路网编辑功能，可轻松设置路网全局路径，编辑施工区相关信息等仿真参数，具体建模流程如图9-4所示。

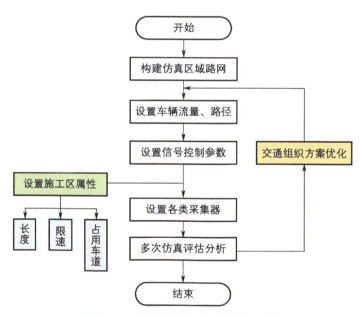

图9-4　施工区仿真和模型构建流程图

第一步：评估施工区影响范围，确定仿真区域，根据仿真区域内实地调查的交叉口及各道路的车道功能、限速信息、车道宽度、车道数等，在TESS NG中导入底图（区域的卫星图、施工图等）后，构建基础的路网模型。

第二步：根据视频监控、雷达设备和现场统计等方式得到的交通流量，计算得到区域路网内的全局路径，在TESS NG中通过对发车点的添加设置，以及决策点、全局路径的设置，使仿真车辆运行路径与现实相符，如图9-5所示。

第 9 章 施工作业区交通管理技术

图 9-5　全局路径设置

第三步：依据现实的各交叉口信号控制方案，在 TESS NG 中的添加对应的信号周期，再在路网内各交叉口停车线处添加信号灯，实现各交叉口的信号灯控运行仿真，如图 9-6 所示。

图 9-6　信号控制方案设置

第四步：依据第一步添加的底图，确定施工区位置，在 TESS NG 中添加施工区，并设置施工区的长度、周围车辆限速以及占用的车道数。添加施工区后，仿真车辆经过施工区路段时会绕行避开施工区域，并且行驶速度大幅降低（按照所设置的限速行驶），如图 9-7 所示。

103

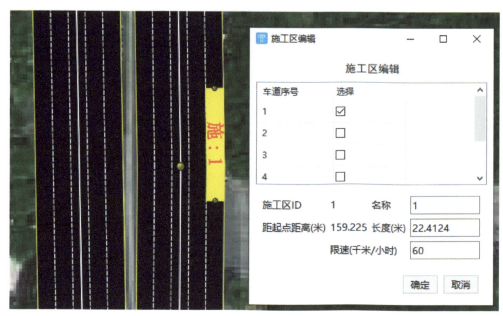

图9-7 添加施工区

第五步：在关键点位添加上各类采集器，例如在交叉口停车线处添加排队计数器，以检测交叉口排队长度或施工区路段的拥堵里程，在施工区的上下游添加行程时间检测器，以检测通过施工区路段的延误等，如图9-8所示。

图9-8 采集器设置

第六步：多次运行仿真，通过软件的"评价"功能可快速输出相关指标可视化图表，评估分析不同方案，如图9-9所示。

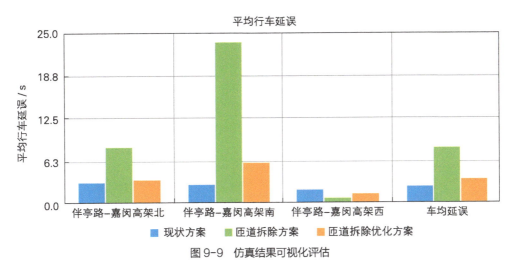

图9-9 仿真结果可视化评估

若有对交通组织方案的优化,可在评估分析后返回第二步,对车辆流量、路径及信号控制方案进行修改,仿真分析新的交通组织方案运行效果,如图9-10所示。

图9-10 前端施工区三维展示效果

第三部分

综合应用篇

第 10 章
路段施工区交通组织设计实例

Chapter Ten

10.1 路段分阶段施工交通组织设计实例

10.1.1 施工项目概述

10.1.1.1 项目背景

本项目研究的地点位于简阳市雄州大道 A、B 段沿线，项目改造整体示意图如图 10-1 所示，主要包括三类（七项）内容。

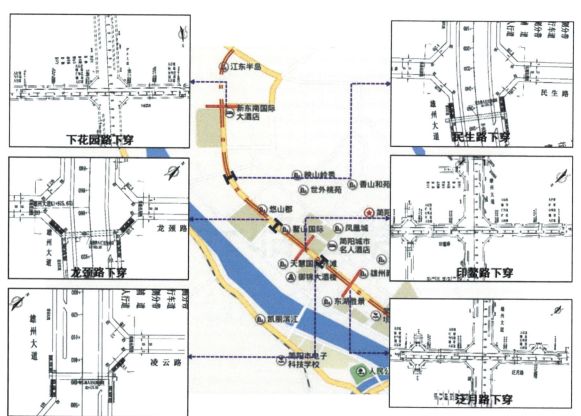

图 10-1 项目改造整体示意图

1）断面改造工程：雄州大道 A、B 段道路断面改造工程。

2）机动车下穿通道建设工程：泛月路下穿雄州大道；印鳌路下穿雄州大道；下花园路下穿雄州大道。

3）人行通道下穿工程：凌云路下穿；龙颈路下穿；民生路下穿。

雄州大道 A、B 段现状为双向 6 车道＋辅道，三块板；红线宽度 52m，如图 10-2 所示。通过压缩侧分带、人行道宽度，改造后为双向 8 车道＋辅道，三块板；红线宽度 52m，如图 10-3 所示。

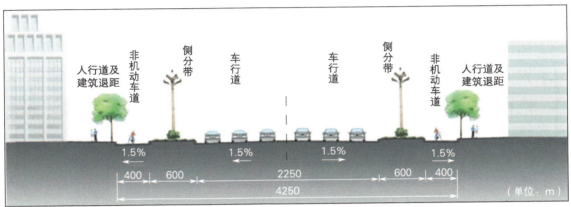

图 10-2　雄州大道 A、B 段现状断面

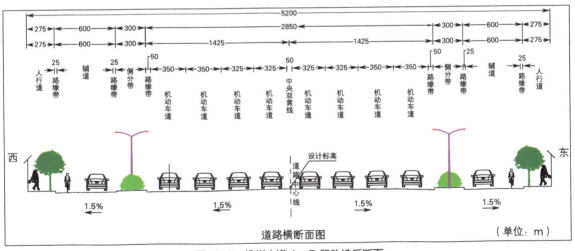

图 10-3　雄州大道 A、B 段改造后断面

泛月路、印鳌路及下花园路机动车下穿。泛月路、印鳌路及下花园路下穿改造前后具体情况如表 10-1、图 10-4、图 10-5 所示。

表 10-1　泛月路、印鳌路及下花园路下穿改造前后具体情况表

道路名称	现状	改造后
泛月路	一板块路幅，双向 4 车道 + 两侧停车	主路：双 4 下穿；辅路：双 2+ 两侧非机动车道
印鳌路	一板块路幅，双向 4 车道 + 两侧停车	主路：双 4 下穿；辅路：双 2+ 两侧非机动车道
下花园路	一板块路幅，双向 4 车道 + 两侧非机动车道	主路：双 4 下穿；辅路：双 2+ 两侧非机动车道

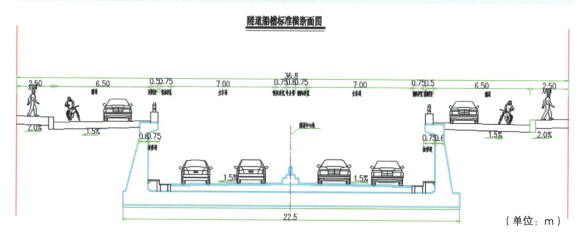

（单位：m）

图 10-4　机动车下穿路口标准横断面图

图 10-5　机动车下穿路口改造后示意图

10.1.1.2　项目范围

考虑工程所处的地理区位、区域交通需求生成以及周边道路交通状况，本次交通影响评价范围东至东滨路，西到射洪路，北达沱四桥，南抵尽春意大道与东滨路交叉口，如图 10-6 所示。

图 10-6 交通影响范围

10.1.1.3 施工打围方案

1. 雄州大道 A、B 段提质改造工程工期安排与分析

雄州大道 A、B 段提质改造工程工期安排与分析，具体如下。

一期（2017.9.28–2017.11.10）：打围范围包括西侧 1 条车道，东侧 1 条车道。施工内容包括：雄州大道绿化带拆除、西侧人行道拆除，改扩车道。

二期（2017.11.10–2017.12.15）：打围范围包括雄州大道西侧 3 条车道。施工内容包括：道路工程、综合管网、景观绿化、照明系统建设，以及部分交安工程建设。

三期（2017.12.15–2017.1.30）：打围范围包括雄州大道东侧 3 条车道。施工内容包括：道路工程（路面黑化）、综合管网、景观绿化、照明系统建设，以及部分交安工程建设。

四期（2017.1.30–2017.02.07）：打围范围包括雄州大道西侧 3 条车道。施工内容包括：道路工程（路面黑化）和部分交安工程建设。改造期间，雄州大道只保留双向 4 条车道，通行能力明显降低。

2. 机动车下穿通道建设工期安排与分析

对于雄州大道 A、B 段机动车下穿通道建设工期安排与分析如下。

一、二期（2017.9.28-2017.12.18）施工内容包括：①东西两侧下穿道基坑支护，土方开挖，下穿道基础、侧墙、中隔墙、顶板。②西侧下穿道防水、台背回填。③部分交安工程建设。

三期（2017.12.18-2018.2.7）施工内容包括：①东西两侧下穿道基坑支护，土方开挖，下穿道基础、侧墙、中隔墙、顶板。②西侧下穿道防水、台背回填。③部分交安工程建设。

四期（2018.2.7-2018.2.10）：东侧、西侧路面结构部分交安工程建设。

改建期间的交通组织如下。

1）下花园路、印鳌路、泛月路在施工期阶段禁止通行，南北向交通疏解能力下降。

2）3条道路与雄州大道交叉口处通行能力直线下降。

3）泛月路等3条次干路沿线居民出行困难（停车难、公交乘坐距离远）。

3.人行下穿通道建设工期安排与分析

对于雄州大道A、B段人行下穿通道建设工期安排与分析如下。

一期（2017.9.28-2017.10.30）：①西侧下穿道基坑支护，土方开挖。②3个交叉口处东侧拆除部分绿化。③部分交安工程建设。

二期（2017.10.30-2018.1.3）：①西侧下穿道基础、侧墙、中隔墙、顶板。②西侧下穿道防水、台背回填。③部分交安工程建设。

三期（2018.1.3-2018.2.6）：①东侧下穿道基坑支护，土方开挖，下穿道基础、侧墙、中隔墙、顶板。②东侧下穿道防水、台背回填、路面结构。③部分交安工程建设。

四期（2018.2.6-2018.2.10）：①西侧路面结构。②部分交安工程建设。

10.1.1.4 打围方案分析

对于雄州大道A、B段打围主要分为三部分：路段打围方案、机动车下穿打围方案以及人行通道打围方案。各部分对应的具体工期与方案如图10-7，红颜色为占道空间及图10-8所示。

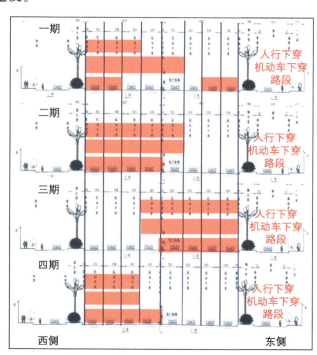

图10-7 雄州大道断面打围占道示意图

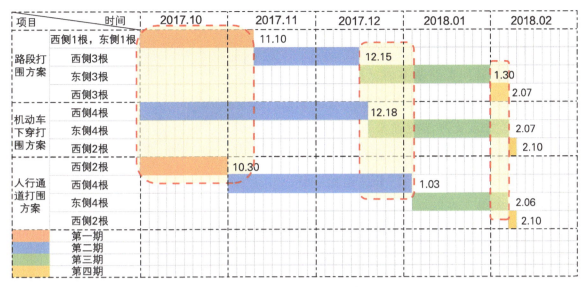

图10-8 雄州大道AB段打围方案施工图

从图10-7、图10-8结合整个工期可以总结出各期瓶颈如下。

第一期：机动车下穿交叉口处，雄州大道仅剩余1条车道；人行通道下穿交叉口处，剩余3根（1条）车道。

第二期：雄州大道在6个下穿交叉口处，剩余3条车道。

第三期：雄州大道路段东侧打围（12.15始）、机动车下穿东侧打围（12.18始）与人行下穿东侧打围（1.03始）存在较大的时间差；雄州大道在人行通道交叉口处，存在封闭施工的风险。

第四期：雄州大道路段西侧打围（1.30始）、机动车下穿西侧打围（2.07始）与人行下穿西侧打围（2.06始）存在较大的时间差；雄州大道在人行通道交叉口处，存在封闭施工的风险。

10.1.2 施工交通影响分析

10.1.2.1 交通影响总体分析

1. 路网结构分析

首先，从城市空间格局看，简阳市主城区受沱江分割，东城新区和老城区的交通联系受制于过江通道，路网形态上蜂腰明显。其次，雄州大道主路双向6车道，向北连接厦蓉高速、成简快速路，向南贯穿东城新区，是简阳市通过性交通、出入境交通及跨区交通的重要通道。再次，泛月路、印鳌路及下花园路均双向4车道，是东城新区方格路网中东西向的重要交通干道。最后，民生路、凌云路、龙颈路均为双向2车道，是东城新区条件较好的支路，如图10-9所示。

2.道路情况分析

东城新区各向道路基本情况见表10-2。雄州大道是东城新区的交通动脉，过境交通、出入境交通及跨区交通叠加，交通流量大，施工阶段仅双4通行，通行能力下降1/3，又缺少能力相近的平行分流道路；泛月路、印鳌路及下花园路完全封闭施工，导致东城新区东西向交通疏解能力偏低，内部交通循环不畅；民生路、龙颈路及凌云路半幅施工，导致东城新区路网微循环不畅；这几条道路同时封闭施工，东西向交通转移到其余横向道路，将造成东城新区瘫痪性交通拥堵。

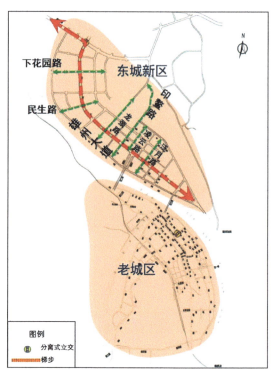

图10-9 简阳市城区路网结构分析图

表10-2 东城新区各向道路基本情况表

方向	道路功能	道路名称	道路宽度/m
南北向	主干路	雄州大道	42
	次干路	射洪路	16
		东滨路南段	16
		人民路	16
		尽春意大道	16
	支路	金融街	10
东西向	主干路	金绛路	20
	次干路	泛月路	17
		印鳌路	18
		下花园路	18
		解放路	16
		树德路	24

（续）

方向	道路功能	道路名称	道路宽度/m
东西向	支路	文苑街	10
		园艺路	10
		东升路	10
		凌云路	10
		鸿雁路	10
		龙颈路	10
		民生路	12
		横十四路	12

10.1.2.2 受影响交通流分类

受工程施工影响的交通流主要有三类：通过性交通、跨区交通、内部交通，如图10-10所示。下面分情况介绍：通过性交通主要是厦蓉高速、成简快速路穿过东城新区的交通。跨区交通主要是以东城新区和老城区为起讫点，横跨雄州大道的交通。内部交通主要是指东城新区内部进出雄州大道的转换交通量。

10.1.2.3 直接影响车道数分析

1. 第一、二期直接影响车道数分析

第一、二期直接影响车道数分析如下：施工打围瓶颈路段直接影响车道数减少62.5%左右；打围路段通行能力下降75%左右。具体情况见表10-3。

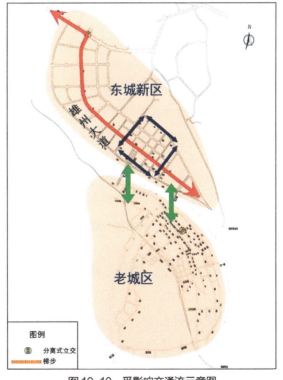

图10-10 受影响交通流示意图

表10-3　第一、二期直接影响车道数分析

道路名称	路段	现状车道数/条	施工期车道数/条
雄州大道	尽春意大道—观音井路	双6（主路）+双2（辅路）	双4
泛月路	射洪路—东滨路南段	双4+双侧停车	0
印鳌路	射洪路—东滨路南段	双4+双侧停车	0
下花园路	射洪路—东滨路南段	双4+两侧非机动车道	0
民生路	雄州大道—民生路交叉口内	双2+两侧非机动车道	西侧1车道，东侧2车道
龙颈路	雄州大道—龙颈路交叉口内	双2+单侧停车	西侧1车道，东侧2车道
凌云路	凌云路—雄州大道交叉口内	双2（路段）、双3（交叉口内）+单侧停车	双2（路段）、双3（交叉口内）+单侧停车
合计		24	9

2. 第三期直接影响车道数分析

第三期直接影响车道数分析如下：施工打围瓶颈路段直接影响车道数减少67%左右；打围路段通行能力下降78%左右。具体情况见表10-4。

表10-4　第三期直接影响车道数分析

道路名称	路段	现状车道数/条	施工期车道数/条
雄州大道	尽春意大道—观音井路	双6（主路）+双2（辅路）	双4
泛月路	雄州大道—射洪路	双4+双侧停车	0
印鳌路	雄州大道—射洪路	双4+双侧停车	0
下花园路	雄州大道—射洪路	双4+两侧非机动车道	0
龙颈路	雄州大道—龙颈路交叉口内	双2+单侧停车	东侧1车道，西侧2车道
民生路	雄州大道—民生路交叉口内	双2+两侧非机动车道	东侧1车道，西侧2车道
凌云路	凌云路—雄州大道交叉口内	双2（路段）、双3（交叉口内）+单侧停车	单1
合计		24	8

3. 第四期直接影响车道数分析

第四期直接影响车道数分析如下：施工打围瓶颈路段直接影响车道数减少50%左右；打围路段通行能力下降58%左右。具体情况见表10-5。

表 10-5　第四期直接影响车道数分析

道路名称	路段	现状车道数/条	施工期车道数/条
雄州大道	尽春意大道—观音井路	双6（主路）+双2（辅路）	双4
泛月路	雄州大道—射洪路	双4+双侧停车	0
印鳌路	雄州大道—射洪路	双4+双侧停车	0
下花园路	雄州大道—射洪路	双4+两侧非机动车道	0
龙颈路	雄州大道—龙颈路交叉口内	双2+单侧停车	双2+单侧停车
民生路	雄州大道—民生路交叉口内	双2+两侧非机动车道	双2+两侧非机动车道
凌云路	凌云路—雄州大道交叉口内	双2（路段）、双3（交叉口内）+单侧停车	双2（路段）、双3（交叉口内）+单侧停车
合计		24	12

10.1.3　交通组织优化思路

10.1.3.1　交通疏解原则

本次交通疏解主要遵循以下基本原则。

1. "慢进快出"原则

保证东城新区交通能够快速疏散，避免交通回堵至老城区或组团连接通道（沱四桥、沱二桥、沱三桥），将施工打围的交通影响控制在雄州大道A、B段周边路网。

2. 保障关键交叉口的直行交通通行能力不发生明显下降

对雄州大道A、B段沿线交叉口部分实施禁左，优先保障直行通行能力，转向交通通过片区路网绕行。

3. 保障出行需求原则

保障打围路段沿线无分流通道区域的居民生活、工作出行，包括道路的保障、公交系统的保障。

4. 安全性原则

要求通过交通安全设施的设置，保障沿线交通出行者的交通安全。

5. 协调性原则

交通组织与工程施工相配合，保障各项工程的顺利施工，同时将对交通的影响降到最低。

10.1.3.2　交通组织及打围优化方案

为减少雄州大道提质改造工程施工期对东城新区交通带来的不利影响，在进行交通组织及打围优化时，需保证雄州大道主线双向四车道通行；保证雄州大道主线双向非机动车通行；保证雄州大道两侧留有人行道供行人通行，与横向道路相交路口保留人行横道，行人过街距离尽量控制在400m以内。整个方案尽量保证不重复施工。打围方案与交通组织相结合，以保证方案的有效性、可行性以及实施质量。

具体打围方案部分，方案分为四期。每期打围方案分路段部分、机动车下穿部分以及人行下穿三部分组成。路段部分主要分析路段横断面的构成以及重要开口两部分；机动车下穿部分由新东南酒店处下穿路口、印鳌路处下穿路口、泛月路处下穿路口三个路口组成，每个路口主要分析打围方案及交叉口渠化两方面；人行下穿部分由民生路人行下穿路口、龙颈路人行下穿路口、凌云路人行下穿路口三个路口组成，每个路口主要分析打围方案及交叉口渠化两方面。 绿化拆除部分，为保证打围施工的所有流程不重复，绿化拆除结合一、二期打围及其交通组织确定。

10.1.4 交通组织优化措施

10.1.4.1 现状交通组织

雄州大道A、B段有16条相交道路，各交叉口均设有人行横道过街。自沱四桥至尽春意大道段共8个信号控制交叉口。现状交通组织方式如图10-11、表10-6所示。

图10-11 东城新区现状交通组织图

表 10-6 现状横向道路交通控制及组织方式统计

序号	横向道路	道路功能	现状控制方式	组织方式
1	横十四路	支路 12m	右进右出	东西侧双向通行
2	下花园路	次干路 18m	无	双向通行
3	解放路	次干路 16m	右进右出	东西侧双向通行
4	民生路	支路 12m	右进右出	东西侧双向通行
5	树德路	次干路 24m	信控	双向通行
6	龙颈路	支路 10m	右进右出	东西侧双向通行
7	鸿雁路	支路 10m	信控	双向通行
8	印鳌路	次干路 18m	信控	双向通行
9	凌云路	支路 10m	右进右出	东侧双向通行
10	沱二桥	主干路 18m	无	西侧双向通行
11	东升路	支路 10m	右进右出	东侧双向通行
12	泛月路	次干路 17m	信控	双向通行
13	园艺路	支路 10m	信控	双向通行
14	文苑路	支路 10m	右进右出	东西侧双向通行
15	无名路	支路 10m	右进右出	东侧双向通行
16	金绛路	主干路 20m	信控	双向通行

10.1.4.2 交通组织及打围优化方案

1. 一期交通组织

一期打围西侧 1 条车道，东侧 1 条车道，施工内容为拆除雄州大道延线绿化带、西侧人行道，改扩车道。

针对相交道路，考虑到雄州大道—金绛路交叉口进行路面改造工程对沱三桥过江交通影响重大，尽可能将雄州大道—金绛路交叉口路面改造工程安排于雄州大道改造初期阶段。

综上所述，一期除进行断面改造工程及机动车下穿通道建设工程、人行通道下穿工程外，针对非下穿路口是否进行道路工程改造，一期交通组织分为两个阶段。第一阶段非下穿路口均未进行道路工程改造；第二阶段仅针对雄州大道—金绛路交叉口，进行西侧交叉口范围内道路工程改造。

（1）一期第一阶段交通组织方案

在雄州大道—下花园路、雄州大道—印鳌路和雄州大道—泛月路三处机动车下穿道路改造路口，相交支线东西段全部断道施工，路口主线设置信控人行过街横道。

机动车下穿道路封闭后，需确定可替代的交通疏解道路。由于交通疏解道路需要与东滨路、射洪路联通，同时考虑相关道路宽度、现状交通组织和控制方式，确定下花园路由横十四路疏解；印鳌路由鸿雁路疏解；泛月路由园艺路疏解。

综上可知，雄州大道—横十四路交叉口拆除中央隔离，恢复路口正常左转、东西直行交通，并改设为信号控制路口。当雄州大道南北向车流较少时，北进出口道下穿车道维持现状双2通行；当南北向车流较多时，出于安全考虑，下穿车道封闭，南北向交通通过辅道经雄州大道—沱四桥交叉口转换。同时雄州大道—龙颈路交叉口保持现状（行人无信控），如果其他横向道路的东西向交通压力过大，建议打开龙颈路东西向直行交通，如图10-12所示。

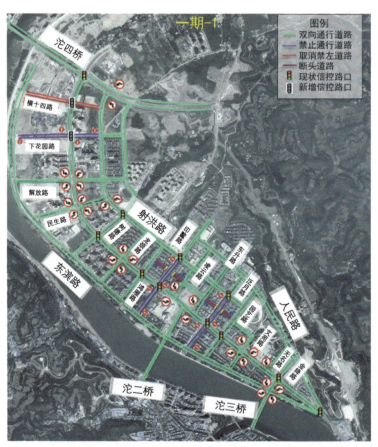

图10-12　一期第一阶段交通组织方案图

（2）一期第二阶段交通组织方案

本阶段针对雄州大道—金绛路交叉口，进行西侧路口内路面改造。

雄州大道—金绛路交叉口进行西侧路口路面改造工程时，西进口封闭，沱三桥过桥交通无法利用该交叉口进出雄州大道快速消散。据此考虑打开沱三桥左转交通，经由东滨路及横向道路快速疏散过桥交通。考虑到距离金绛路最近，且可以满足东西向直行交通及各方向左转交通转换的道路目前只有园艺路，而园艺路本身作为疏解泛月路交通的道路压力较大，考虑打开雄州大道—文苑路交叉口，与园艺路一起分担疏解过桥交通的压力。

综上可知，相对于前一期组织方案，本期交通组织变化如下。

在东滨路—沱三桥交叉口，封闭北进口道，拆除中央隔离，恢复沱三桥正常左转；在雄州大道—文苑路交叉口，拆除中央隔离，恢复路口正常左转及东向直行交通，并改设为信号控制路口；东滨路—园艺路交叉口、东滨路—文苑路交叉口设为信号控制路口，如图10-13所示。

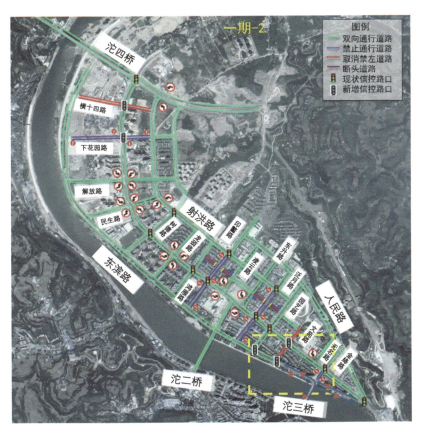

图10-13　一期第二阶段交通组织方案图

2. 绿化拆除方案

为了打围施工的所有流程不重复，绿化拆除结合一二期打围及其交通组织。绿化拆除方案分为机动车下穿路口及人行下穿路口两部分。

（1）机动车下穿路口绿化拆除

机动车下穿路口绿化拆除包括下花园路机动车下穿路口绿化拆除、印鳌路机动车下穿路口绿化拆除，以及泛月路机动车下穿路口绿化拆除。

下花园机动车下穿路口，北侧拆除绿化带 30.5m，南侧拆除绿化带 27.9m，如图 10-14 所示。

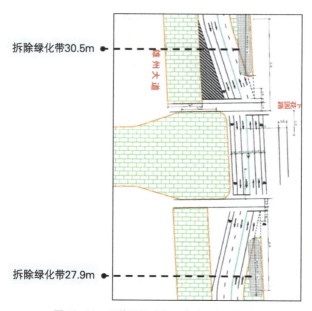

图 10-14　下花园机动车下穿路口绿化拆除

印鳌路机动车下穿路口，西侧拆除绿化带 16.3m，东侧拆除绿化带 78.8m，如图 10-15 所示。

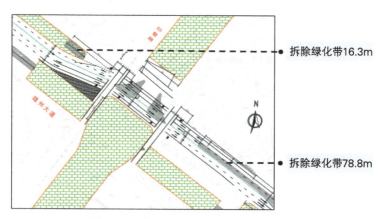

图 10-15　印鳌路机动车下穿路口绿化拆除

泛月路机动车下穿路口，西侧拆除绿化带 14.3m，东侧拆除绿化带 15.7m，如图 10-16 所示。

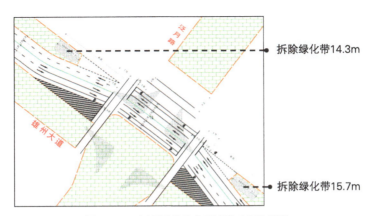

图 10-16 泛月路机动车下穿路口绿化拆除

（2）人行下穿路口绿化拆除

人行下穿路口的绿化拆除包括民生路人行下穿路口绿化拆除、凌云路人行下穿路口绿化拆除，及龙颈路人行下穿路口绿化拆除。

民生路人行下穿路口，北侧需要拆除绿化带 11.7m，南侧拆除绿化带 79.8m，如图 10-17 所示。

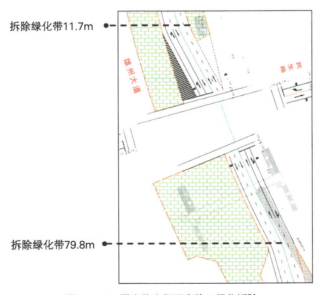

图 10-17 民生路人行下穿路口绿化拆除

凌云路人行下穿路口，西侧需要拆除绿化带 78.8m，东侧拆除绿化带 70.5m，如图 10-18 所示。

龙颈路人行下穿路口，西侧需要拆除绿化带 15.7m，东侧拆除绿化带 71.2m，如图 10-19 所示。

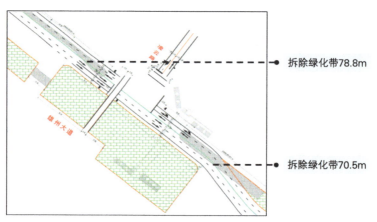

图10-18 凌云路人行下穿路口绿化拆除

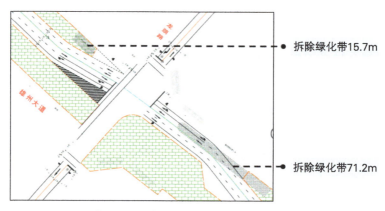

图10-19 龙颈路人行下穿路口绿化拆除

3. 路段打围方案

（1）打围方案

一期打围方案断面图如图10-20所示。

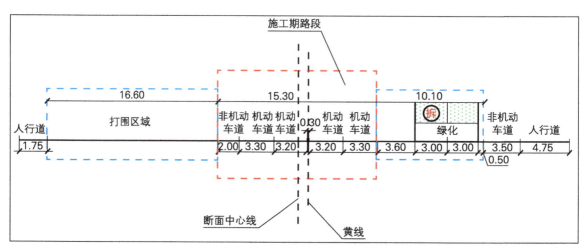

图10-20 一期打围方案断面图

在第一期路段打围方案中，西侧打围1条车道，路段西侧从人行道1.75m处打围至第1条车道东侧边线，打围宽度16.6m；东侧打围1条车道，路段东侧从绿化以东0.5m处打围至第1条车道西侧边线，打围宽度10.10m。保留重要开口，打开沿线小区、学校、重要消防通道、医院、大型办公场所、停车场开口。一期打围方案改建设施见表10-7。

表10-7 一期打围方案改建设施

改建设施	宽度	数量
人行道	西（1.75m）东（4.75m）	2处
剩余宽度	15.30m（总）	4机+1非
非机动车道	西（2.00m）东（3.50m）	2条

（2）方案分析

一期打围方案路段部分示意图如图10-21所示。

一期打围方案中，为保障行人过街，路段打围两侧设置两处人行道，西侧（1.75m），东侧（4.75m）来保障行人出行需求；为满足车辆通行，减轻雄州大道施工期通行能力下降的影响，雄州大道保留4条车道+西侧非机动车道（共15.3m），保障机动车和非机动车的通行效果；为保障重要开口通行，拆除部分绿化，打开沿线重要出入口，出入口采用右进右出的方式，减少对主线交通的影响。

下面对重要开口进行分析。重要出入口，即沿线小区、学校、重要消防通道、医院、大型办公场所、停车场等出入口建议打开。简阳市雄州大道A、B段重要开口如图10-22所示。

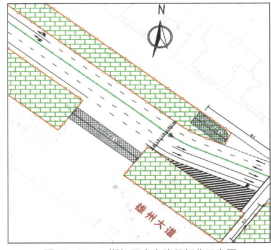

图10-21 一期打围方案路段部分示意图

图10-22 雄州大道沿线施工期应打开的出入口示意图

4. 机动车下穿路口打围方案

（1）新东南酒店处下穿路口打围方案

1）打围方案。首先西侧打围至第四条车道，交叉口西侧路段打围至第四条车道，打围终点越过道路中线3.85m。东进口道设置人行横道，交叉口南北侧各保留4m宽人行横道，供行人横向过街。机动车下穿打围边界东侧保留1.5m人行横道，供行人纵向过街。人行横道为两条相距4m平行线，减少后期标线清除的工作量。

新东南酒店下穿路口打围改建设施见表10-8。

表10-8 新东南酒店下穿路口打围改建设施

改建设施	宽度	数量
人行横道	4m、1.5m	4处
车行道	15.9（总）	4机+2非

2）交叉口渠化。对交叉口南北进口道进行渠化设计，平滑连接两端道路，减少打围越过中线带来的影响，如图10-23所示。针对交叉口处打围越过了中线，机动车渐变距离过短的现象，故拆除部分绿化带。渐变段保证在45m左右，使机动车较为顺畅地通过交叉口。东西两侧施划非机动车道，保障非机动车的通行。

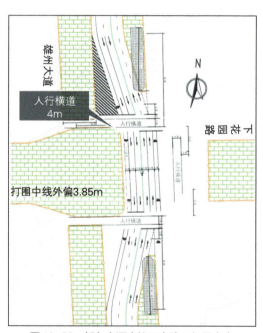

图10-23 新东南酒店处下穿路口打围方案

（2）印鳌路处下穿路口打围方案

1）打围方案。西侧打围到第四条车道，交叉口西侧路段打围至第四条车道。打围终点越过道路中线3.85m。东侧拆除实体岛和绿化隔离。拆除东侧两个实体交通岛和绿化带，留置4条车道宽度。

雄州大道两侧施划非机动车道，供非机动车通过交叉口。印鳌路非机动车通过东西向人行横道过街。

北、东、南进口道设置人行横道：保留4m宽平行线作为人行道，供行人过街。机动车下穿打围边界右侧保留1.5m人行横道，供行人纵向过街。

印鳌路机动车下穿路口改建设施方案见表10-9。

表10-9 印鳌路机动车下穿路口改建设施方案

改建设施	宽度	数量
人行横道	4m、1.5m	4处
车行道	15.9m（总）	4机+2非

2）交叉口渠化。对交叉口南北进口道进行渠化设计，平滑连接两端道路，减少打围越过中线带来的影响，如图10-24所示。

（3）泛月路处下穿路口打围方案

1）打围方案。西侧打围到第四条车道，交叉口西侧路段打围至第四条车道，打围终点越过道路中线3.85m。东侧拆除实体岛，拆除东侧实体交通岛，留置4条机动车道，两条非机动车道（2m+2m）宽度。雄州大道两侧施划非机动车道，供非机动车通过交叉口。泛月路非机动车通过东西向人行横道过街。北、东、南进口道设置人行横道。保留4m宽平行线作为人行道，供行人过街。

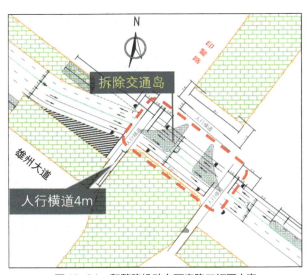

图10-24 印鳌路机动车下穿路口打围方案

机动车下穿打围边界右侧保留1.5m人行横道，供行人纵向过街。泛月路处机低车下穿路口打围方案改建设施见表10-10。

表10-10 泛月路处机低车下穿路口打围方案改建设施

改建设施	宽度	数量
人行横道	4m、1.5m	4处
车行道	15.9m（总）	4机+2非

2）交叉口渠化。对交叉口南北进口道进行渠化设计，平滑连接两端道路，减少打围越过中线带来的影响，如图10-25所示。

5. 人行下穿路口打围方案

（1）民生路人行下穿路口打围方案

1）打围方案。西侧打围到第四条车道，交叉口西侧路段打围至第四条车道，打围边界越过道路中线3.85m。保留支路通行，打围没有越过支路路缘线。东侧拆除部分绿化，拆除东侧部分绿化，保留4条车道宽度。拆除路段：东侧拆除79.8m。人行横道部分，交叉口处保留4m宽人行道，供行人横向过街。民生路人行下穿路口改建设施见表10-11。

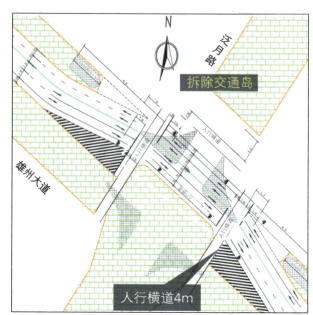

图10-25　泛月路处机低车下穿路口打围方案

表10-11　民生路人行下穿路口改建设施

改建设施	宽度	数量
人行横道	4m	4处
车行道	北：15.3m（总）	4机+1非
	南：17.4m（总）	4机+2非

2）交叉口渠化。对交叉口南北进口道进行渠化设计，平滑连接两端道路，减少打围越过中线带来的影响，如图10-26所示。

（2）龙颈路人行下穿路口打围方案

1）打围方案。西侧打围到第四条车道。交叉口西侧路段打围至第四条车道，打围边界越过道路中线3.85m。保留支路通行，北侧打围边界退后至路缘线后5m。东侧拆除部分绿化，拆除东侧绿化71.2m，保留4条车道宽度。西、北、东侧设置人行横道。交叉口西、北、东侧各保留4m宽平行线作为人行横道。南进口的行人通过其他3条人行横道绕行。龙颈路人行下穿路口改建设施见表10-12。

第10章 路段施工区交通组织设计实例

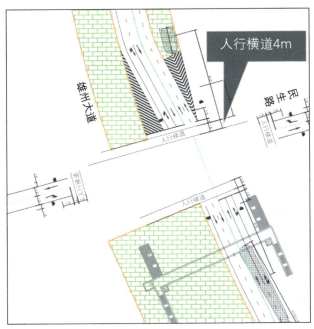

图 10-26 民生路人行下穿路口打围方案

表 10-12 龙颈路人行下穿路口改建设施

改建设施	宽度	数量
人行横道	4m	3 处
车行道	北：15.3m（总）	4 机 +1 非
	南：17.4m（总）	4 机 +2 非

2）交叉口渠化。对交叉口南北进口道进行渠化设计，平滑连接两端道路，减少打围越过中线带来的影响，如图 10-27 所示。

（3）凌云路人行下穿路口打围方案

1）打围方案。西侧打围到第四条车道，路段西侧从人行道 1.75m 处打围，越过断面中心线 3.85m。打围宽度 39.65m。东侧拆除部分绿化，拆除东侧部分绿化，保留 4 条车道宽度。北进口（印鳌路—凌云路）全段绿化拆除共

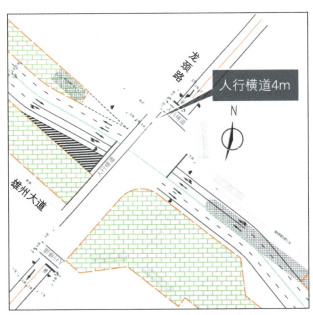

图 10-27 龙颈路人行下穿路口打围方案

78.8m。南进口东侧绿化拆除 70.5m。人行横道部分，北进口和东进口设置人行横道。南进口的行人通过东、北人行横道进行绕行。凌云路人行下穿路口改建设施见表 10-13。

表 10-13　凌云路人行下穿路口改建设施

改建设施	宽度	数量
人行横道	4m	2 处
车行道	北：17.4m（总）	4 机 +2 非
	南：17.4m（总）	4 机 +2 非

2）交叉口渠化。渠化设计：对交叉口南北进口道进行渠化设计，平滑连接两端道路，减少打围越过中线带来的影响，如图 10-28 所示。

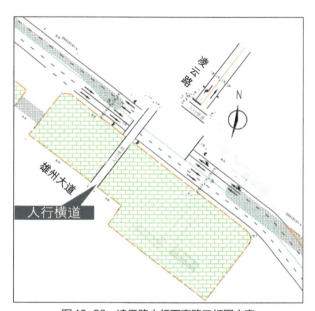

图 10-28　凌云路人行下穿路口打围方案

10.1.4.3　施工期交安设施设置要求

1. 设置规范

主要设置规范包括 GB 5768.4—2022《道路交通标志和标线 第 2 部分：道路交通标志》，GB 5768.3—2009《道路交通标志和标线 第 3 部分：道路交通标线》，GB 5768.4—2017《道路交通标志和标线 第 4 部分：作业区》。

2. 总体要求

施工作业控制区周边道路应设置施工预告标志、绕行标志和其他临时指路标志，引导车辆通行；临时标志可附着在路灯杆或设置在支架上，设置在支架上的临时交通标志应放置于路外易见处，设置位置应符合相关标准要求，同时应固定牢固，防止意外移动；施工作业路段宜设置锥形交通路标、护栏等隔离设施，分离机动车、非机动车和行人交通；施工路段及周边道路的适当位置设置临时可移动信号灯、减速垄、停车或让行标志标线等交通管理设施；交通标志和标线的设置应符合相应规范的要求。

3. 施工围挡

（1）占道施工时，应设置施工围挡

施工作业控制区周围除留有必要的施工人员、施工车辆进出口通道外，应设置连续封闭的围板、路栏或锥形交通路标等设施。

（2）施工作业控制区围板高度要求

高度不应低于1.8m，距离交叉路口20m范围内，工作区围板0.8 m以上的部分应采用通透式围挡。

4. 锥形交通标

设置在作业现场周围，作业现场后方沿45°角放置，相邻锥形交通路标的间距不应超过表10-14所示的最大值。

表10-14 锥形交通标数据表

限制车速/（km/h）	锥形交通路标间距最大值/m	
	渐变段	非渐变段
≤40	2.0	2.0
50	2.0	4.0
60	2.0	6.0
70~80	2.0	10.0

5. 施工警告灯

夜间施工作业控制区，应在围挡、路栏或锥形交通标顶端处每隔20m左右设置高亮度的施工警告灯。警告灯设置高度距离地面1.2m为宜，受条件限制时不应低于1.0m。施工警告灯号分闪光灯号及定光灯号两种。

6. 路栏

设置在施工作业路段的两端或周围。路栏上的条纹应斜向下指向交通流可以通行的方向。若路栏两侧均可以通行交通，条纹应由路栏的中间斜向下指向两侧，若路栏两侧均不能通行交通，条纹应由两侧斜向下指向中间。

7. 道路施工标志

设置于作业路段的起点之外，可设置辅助标志说明与作业区的距离、作业长度等信息。当施工地点或路段起点距上游交叉口较近时，应在施工地点或路段起点前处，以及上游交叉口的出口处设置施工标志。

8. 限速标志

设置位置位于道路施工标志下游。

9. 解除限速标志

设置在道路作业终止区的末端。

10. 道路封闭标志

在封闭路段上游交叉口出口处应设置封闭预告标志；道路封闭路段上游的最近一块道路封闭标志旁宜设置辅助标志，说明封闭路段长度等信息。

11. 车道封闭标志

当封闭车道起点距上游交叉口较近时，应在封闭车道起点前处，以及上游交叉口的出口处设置车道封闭预告标志；当封闭车道起点距上游交叉口大于或等于500m时，应增设300m车道封闭预告标志；车道封闭路段上游的最近一块车道封闭标志旁宜设置辅助标志，说明封闭车道长度等信息。

12. 线形诱导标志

设置于因作业区围挡形成的弯道路段的外侧；设置于中央隔离设施端部、渠化设施端部、桥头等的线形诱导标应为竖向设置。

13. 车道数变少标志

设置于因作业引起车道数变少的路段前适当位置。橙底、白图形、白边框、橙色衬边。

14. 禁令标志

设置在需要禁止的路口前方适当位置。有时间、车种等特殊规定时，应用辅助标志说明或附加图形。

15. 指示标志

设在应当按照相应方向行驶的路口前方适当位置。有时间、车种等特殊规定时，应用辅助标志说明或附加图形。

10.2 路段全断道施工交通组织设计实例

10.2.1 施工项目概述

10.2.1.1 项目背景

轨道交通资阳线工程是连接成都天府国际机场、东部新区、简阳市和资阳市的轨道交通快线，线路在在苌弘广场前设置苌弘广场站（地下），如图10-29所示。苌弘广场站位于资阳城区滨江大道与马家巷交叉口西处，沿滨江路东西向敷设。苌弘广场站一期施工打围期间，滨江大道断道施工。

图 10-29 轨道交通资阳线线路走向示意图

10.2.1.2 项目范围

苌弘广场站位于滨江大道一段—和平南路交叉口东侧路段处。根据项目影响范围，确定本次苌弘广场站施工期交通组织的研究范围为：建设北路—九曲河—滨铁路—百威英博大道—城南大道—锦湾大街—滨江大道围合区域，约 6.1km²，研究基年为 2021 年，如图 10-30 所示。

图 10-30 苌弘广场站研究范围示意图

10.2.1.3 区域现状分析

1. 用地特征

研究区域位于老城片区，人口较为集中，各类生活配套设施发展成熟，用地以居住、商业、公服用地为主，有较大的到发交通需求，如图10-31所示。

图10-31 苌弘广场站研究区域规划用地分布示意

另一方面，从城区整体层面来看，研究区域位于城区中心，各组团间交通大量通过该区域转换，导致区内主要通道承担较大的过境交通需求，如图10-32所示。

2. 路网供给

区域内建设北路西连雁城路—车城大道，东接迎宾大桥，滨江大道西连南骏大道—仁德西路，东接沱江大桥、迎宾大桥，建设南路向西连通至松涛路，东接沱江大桥。综上，区内主要道路与城区干道和跨江桥梁相连，构成了主要干线通道，承担了较大的到发及过境交通需求，如图10-33所示。

图10-32 城区组团交通转换关系

第 10 章 路段施工区交通组织设计实例

图 10-33 苌弘广场站研究区域现状路网用地布局示意

路网供给方面，老城区道路条件较差，主要道路基本为双向四车道，生活性支路、断头路较多，整体能力不足，详见表 10-15。

表 10-15 苌弘广场站研究区域内主要道路情况

道路名称	道路等级	道路宽度 /m	断面形式
建设北路	主干路	17	双向四车道，一块板
滨江大道	主干路	15	双向四车道，一块板
滨铁路	主干路	15	双向四车道，一块板
锦湾大街	主干路	30	双向六车道，两块板
城南大道	主干路	45	双向六车道，三块板
建设南路	次干路	20	双向四车道，一块板
建设东路	次干路	15	双向四车道，一块板
和平路	次干路	15	双向四车道，一块板
百威英博大道	次干路	16	双向四车道，两块板

现阶段,区域内上西街、政府东路、建设南路及滨江大道正在进行施工。

3. 交通运行

高峰时段老城片区整体运行情况不佳,拥堵集中在滨江大道—和平南路、建设东路—雁北路、沱江一桥桥头等关键路段、节点,如图10-34所示。

a)早高峰　　　　　　　　　　　b)晚高峰

图10-34　现状区域早高峰和晚高峰交通运行示意

4. 站点周边交通设施

站点周边滨江大道路段北侧有3处开口,多用于出入老旧小区停车,如图10-35所示。

图10-35　苌弘广场站站点周边道路开口分布示意

停车设施方面，滨江大道两侧路内停车需求较为旺盛，目前站点周边人行道上可提供约 110 个停车位，如图 10-36、图 10-37 所示。

图 10-36　苌弘广场站站点周边停车设施分布示意

图 10-37　苌弘广场站站点周边停车现状

公交设施方面，施工站点附近滨江大道—马家巷路口处设置 1 公交站点，线路 14 路和牙谷专线 2 路在此停靠，如图 10-38、表 10-16 所示。

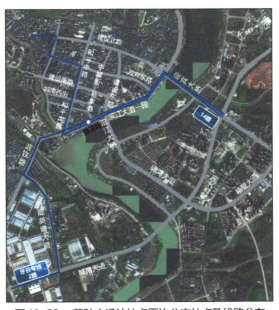

图 10-38　苌弘广场站站点周边公交站点及线路分布

表 10-16　站点周边线路及走向

站点名称	停靠线路	线路走向
排涝站	14 路 （城东高铁站—西门广场方向）	迎宾大桥→滨江大道→和平路→政府西路
	牙谷专线 2 路	迎宾大桥→滨江大道→滨铁路→百威英博大道

10.2.1.4　打围方案分析

根据设计方案，苌弘广场站分两期施工打围，一期包括拆迁前和拆迁后两个阶段，总工期约为 49 个月。

一期打围工期约为 43 个月（2021 年 03 月 08 日至 2024 年 08 月 31 日），滨江大道断道施工。拆迁前，打围范围东侧距离和平南路交叉口 90m 处，西至马家巷出口，南至河堤，北至现状房屋边缘，南北两侧各预留 4m 慢行通道，如图 10-39 所示。

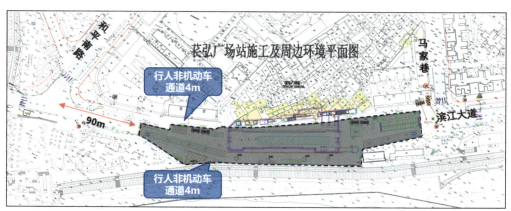

图 10-39　苌弘广场一期站点拆迁前打围方案

拆迁后，东、西、南打围边界不变，北侧拆除部分房屋后，围挡向外拓展，并预留 4m 慢行通道，如图 10-40 所示。

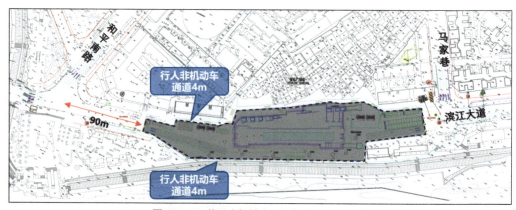

图 10-40　苌弘广场站点一期拆迁后打围方案

10.2.2 施工期交通影响分析

10.2.2.1 通行能力影响分析

苌弘广场站一期打围将导致滨江大道和平南路—马家巷段断道,影响滨江大道两端节点的控制方式及通行能力。

1. 滨江大道—和平南路交叉口

控制方式上,断道打围后,滨江大道—和平南路口由原来的三路信控交叉口变为路段信控过街,三相位减少为两相位,如图10-41所示。

图10-41　滨江大道—和平南路现状渠化示意(左)打围后渠化示意(右)

路口总体通行能力小幅下降,西、北进口道由于绿信比增加,通行能力分别提升约11%,59%,详见表10-17、表10-18。

表10-17　滨江大道—和平南路交叉口现状通行能力

进口道	转向	饱和流率/(pcu/h)	车道数	绿信比	通行能力/(pcu/h)
东	1直+1直右	1400	2	0.45	1260
西	左	1250	1	0.38	475
	直	1400	1	0.83	1162
北	左	1250	1	0.17	213
	右	1000	1	1.00	1000
		合计			4110

表10-18　滨江大道—和平南路交叉口打围后通行能力

进口道	转向	饱和流率/(pcu/h)	车道数	绿信比	通行能力/(pcu/h)
西	左	1300	2	0.74	1924
北	右	1300	2	0.74	1924
		合计			3848

2. 滨江大道—马家巷交叉口

控制方式上，断道打围后，滨江大道—马家巷交叉口由原来的三路无信控交叉口，变为路段无信控过街，如图10-42所示。节点复杂性降低，无车流冲突，但马家巷双侧停车，对本路段能力影响较大。

a）现状　　　　　　　　　　　　　　b）打围后

图10-42　滨江大道—马家巷现状渠化示意和打围后渠化示意

10.2.2.2　慢行交通影响分析

一期打围方案下（包括拆迁前、后两个阶段），围挡两侧预留约4m的人非混行的慢行通道，对慢行交通流线影响较小，但该片区行人流量较大，人非混行，且南侧通道紧邻河堤，存在一定安全隐患，如图10-43所示。

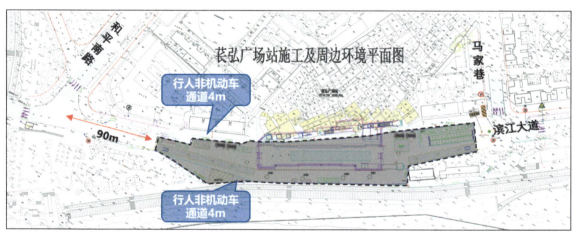

图10-43　打围后慢行通道示意

10.2.2.3　出入口交通影响分析

打围范围内共影响三个出入口。其中滨江小区的车辆可通过西侧进出，其他两个出入口主要用于进出老旧小区停车，原则保留应急通行功能，如图 10-44、图 10-45 所示。

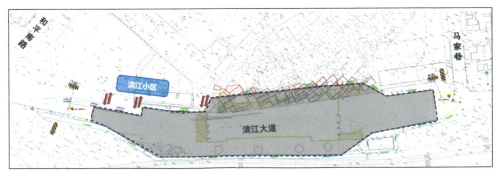

图 10-44　出入口分布示意

图 10-45　小区进出流线示意

10.2.2.4　静态交通影响分析

打围区域将占用滨江大道两侧约 110 个路内停车位，原有的停车需求可能转移至附近路段，加剧片区的停车供需矛盾，造成违停现象增加，如图 10-46 所示。

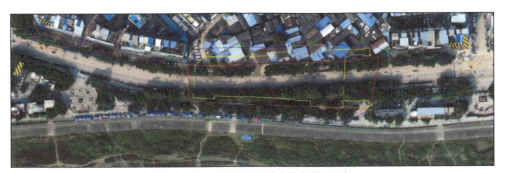

图 10-46　打围后占用路内停车范围示意

10.2.2.5 公交运行影响分析

打围区域侵占了滨江大道上的排涝站公交站点,在该站点停靠的公交线路14路(东—西方向)及牙谷专线2路需要调整线路走向,如图10-47所示。

建议：14路东—西方向站点调整至建设南路—建设东路交叉口西出口道的"中医院"站停靠,线路通过沱桥路—建设南路绕行；牙谷专线2号通过和平南路—建设南路—沱桥路改线绕行。由于涉及调整的公交线路较少,对公交运行的影响不大。

图 10-47 受影响公交站点及线路分布

10.2.2.6 片区交通运行影响分析

由于滨江大道局部断道施工,车辆绕行至和平南路、建设南路及沱桥路,导致3条道路压力增加,加剧拥堵,同时对和平南路—滨江大道、和平南路—建设南路、建设南路—建设东路3个节点影响较大,如图10-48所示。

另一方面,过境交通在断道与诱导的作用下,将部分分流至沱江二桥、迎宾大桥,沱江大桥一线的交通压力可能有一定幅度的下降,如图10-49所示。

此外,建设南路打通至松涛路,形成与老城区的便捷联系通道,对南骏大道—滨江大道—和平南路一线有一定的分流作用,但部分交通仍会集中在和平南路—建设南路及建设南路—建设东路节点及相关路段转换,交通绕行流线详见表10-19。

第10章 路段施工区交通组织设计实例

图10-48 老城区到发交通绕行主要流线示意

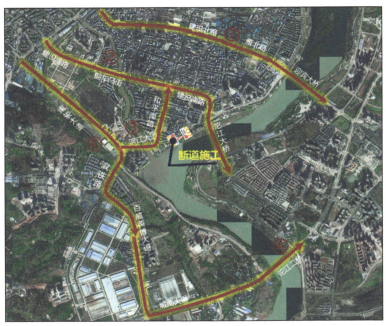

图10-49 过江过境交通绕行主要流线示意

表10-19 交通绕行流线

类型	绕行流线
老城片区到发交通绕行	滨江大道→和平南路→建设南路→沱桥路→滨江大道→沱桥路节点转换
过江过境交通绕行	①车城大道→雁城路→建设北路→雁北路→迎宾大桥
	②铜车马街→建设南路→沱桥路→沱江大桥
	③南骏大道→滨江大道→和平南路→建设南路→沱桥路→沱江大桥
	④南骏大道→滨铁路→百威英博大道→城南大道→沱江二桥

143

经调查，建设北路一线高峰双向断面流量达3300pcu/h，已饱和，建设北路—和平北路交叉口、建设北路—雁北路交叉口处于严重过饱和状态，高峰期间路网资源已消耗殆尽，无能力富余。具体数据见表10-20、表10-21。由此，滨江大道局部断道后，车辆去往建设北路一线绕行的交通量不大，对其影响较小。

表10-20 现状建设北路—和平北路交叉口评价

交叉口名称	方向	进口道情况	车道数量	通行能力/(pcu/h)	现状流量/(pcu/h)	饱和度	服务水平
建设北路—和平北路交叉口	东	1直右1直左	2	1471	1680	1.14	F
	西	1直右1直左	2	1432	1641	1.15	F
	南	1直右1直左	2	785	798	1.02	F
	北	1直右1直左	2	785	326	0.42	B
	总评			4473	4445	0.99	F

表10-21 现状建设北路—雁北路交叉口评价

交叉口名称	方向	进口道情况	车道数量	通行能力/(pcu/h)	现状流量/(pcu/h)	饱和度	服务水平
建设北路—雁北路交叉口	东	1直右1直左	2	985	1128	1.15	F
	西	1直右1直左	2	1794	1779	0.99	F
	南	1直右1直左	2	352	657	1.87	F
	北	1直右1直左	2	404	618	1.53	F
	总评			3535	4182	1.18	F

此外，百威英博大道→城南大道→沱江二桥一线虽然能力富余，但对滨江大道周边的到发交通来说，通过该通道绕行，距离较远。因此，为了定量分析、说明滨江大道断道后老城区可能达到的拥堵程度，主要考虑分流交通通过建设南路以南片区路网绕行。

1. 路段运行评价

在不考虑沱二桥、迎宾大桥的分流作用下，车辆均通过老城区道路绕行，流量重分布后，和平南路、建设南路拥堵严重。如图10-50、表10-22所示。

2. 交叉口运行评价

交叉口运行方面，在不考虑沱二桥、迎宾大桥的分流作用下，车辆通过老城区道路绕行，对打围后主要交叉口进行评价，见表10-23~表10-25。建设南路—和平南路交叉口饱和度将达1.30，严重拥堵。建设南路—建设东路交叉口南进口左转流量增加，拥堵严重。相邻节点的严重过饱和可能导致老城区拥堵成线、成面。

第10章 路段施工区交通组织设计实例

注：图10-50中数值表示现状流量（叠加流量）

图10-50 打围后流量分布示意图

表10-22 施工影响范围内主要路段服务水平评价

道路名称	方向	现状流量/(pcu/h)	流量叠加	打围后流量/(pcu/h)	通行能力/(pcu/h)	饱和度	服务水平
滨江大道（桥）	东向西	1181	—	1181	1400	0.84	D
	西向东	1663	—	1663	1400	1.19	F
和平南路	北向南	730	576	1306	1400	0.93	E
	南向北	838	825	1663	1400	1.19	F
建设南路	东向西	1084	905	1989	1400	1.42	F
	西向东	665	968	1633	1400	1.17	F
沱桥路	北向南	718	968	1686	2400	0.70	C
	南向北	1083	905	1988	2400	0.83	D

表10-23 打围后滨河大道—和平南路交叉口评价

交叉口名称	方向	进口道情况	车道数量	通行能力/(pcu/h)	打围后流量/(pcu/h)	打围后饱和度	打围后服务水平
滨河大道—和平南路交叉口	西	左转	2	1924	1662	0.86	E
	北	右转	2	1924	1181	0.61	C
		总评		3848	2843	0.74	C

表 10-24　打围后建设南路—和平南路交叉口评价

交叉口名称	方向	进口道情况	车道数量	通行能力/(pcu/h)	打围后流量/(pcu/h)	打围后饱和度	打围后服务水平
建设南路—和平南路交叉口	东	1直右1直左	2	964	1989	2.06	F
	西	1直右1直左	2	964	636	0.66	C
	南	1直右1直左	2	836	1338	1.60	F
	北	1直右1直左	2	836	714	0.85	E
	总评			3600	4677	1.30	F

表 10-25　打围后建设南路—建设东路交叉口评价

交叉口名称	方向	进口道情况	车道数量	通行能力/(pcu/h)	打围后流量/(pcu/h)	打围后饱和度	打围后服务水平
建设南路—建设东路交叉口	西	左转	2	500	141	0.28	B
		右转	1	1000	1113	1.11	F
	南	左转	2	900	1553	1.73	F
		直行	1	616	435	0.71	D
	北	直行	2	1232	588	0.48	B
	总评			4248	3830	0.90	E

苌弘广场站点一期施工工期约43个月，包括拆迁前、后两个阶段，施工将封闭滨江大道和平南路—马家巷路段。交通影响评价显示主要有以下结论。

1）通行能力：滨江大道断道施工，滨江大道—和平南路交叉口调整为路段信控过街，进口道能力提升；滨江大道—马家巷节点复杂度降低，无车流冲突。

2）慢行交通：围挡两侧预留慢行通道，行人、非机动车正常通行，但片区行人流量较大，人非混行存在安全隐患。

3）出入口交通：打围范围内的三个出入口主要用于进出老旧小区停车，保留应急功能，封闭后影响较小。

4）静态交通：打围占用停车位约110个，可能导致片区的停车供需矛盾上升，违停增加。

5）公交运行：侵占公交站点1处，2条公交线路走向需局部绕行调整。

6）交通运行：分流交通将加剧和平南路—建设南路—沱桥路一线路段及节点拥堵，相邻节点的严重过饱和可能导致老城区拥堵成线、成面。

10.2.3　施工期交通疏解方案

10.2.3.1　远端分流

滨江大道是连接沱江一桥的主要通道，断道后，为了避免大量交通继续涌入老城区，在拥堵区域、节点转换去往沱东片区，在沱江二桥一线存在能力冗余的情况下，应主动引导过江车流通过滨铁路→百威英博大道→城南大道→沱江二桥分流。

由此，需建立多级诱导指示，引导车辆有序分流：

1）一级分流诱导设置在封闭路段相邻强制分流节点处。

2）二级分流诱导设置在至少提前一个可绕行节点、沱江二桥关键分流节点以及其他城区主要道路、节点处。一级分流诱导采用绕行标志牌，二级分流诱导采用施工提示标志牌，如图10-51所示。

设置位置方面：

1）如果路口有现状标志牌，则分流指示牌设置在现状标志牌上游30m处。

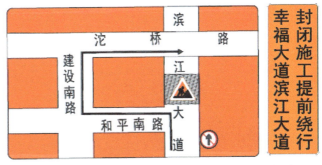

图10-51 绕行标志示意（左）施工提示标志示意（右）

2）如果路口无现状标志牌，则分流指示牌设置在距离路口50~80m内。

版面大小及安装方式：

1）建议绕行标志采用2000mm×1500mm版面，施工提示标志采用800mm×2300mm版面。

2）建议单独立杆设置，实际施工过程中，可根据现场已立杆件基础情况考虑合杆。

对于苌弘广场站点施工的分流方案如下图所示，共设置一级分流点位4处，绕行标志牌5个；共设置二级分流点位10处，提示标志牌17个，如图10-52所示。

10.2.3.2 交通组织

交通影响评价结果显示，滨江大

图10-52 交通诱导方案示意图

道断道后，在建设北路一线无能力富余的情况下，大量交通将通过和平南路—建设南路—沱桥路绕行，可能将导致沿线节点、路段"成线""成片"严重拥堵。

在老城片区道路无法实施扩容的条件下，应消除和平南路沿线干扰，保证通道能力，同时利用片区内的支路，组织微循环，发挥分流作用。由此，制定交通组织方案如下。

1）和平南路（滨江大道—建设南路段）沿线保留雁南街和城南东街左转和过街点位，其他相交道路、开口实施禁左管理，设置中央隔离，如图10-53所示。

图10-53 交通组织方案示意1

2）师园街两车道单行向东，城南东街（马家巷—和平南路段）两车道单行向西，形成师园街—马家巷和马家巷—城南东街两条分流通道，避开瓶颈节点建设南路—和平南路交叉口。

3）建设南路施工期间，建议雁南街单行向东（路段一车道，路口两车道），形成雁南街—和平南路—滨河东路微循环，满足片区内左转需求；建设南路恢复通行后，根据交通运行情况，调整雁南街的组织方式。

4）和平南路—城南东街、和平南路—雁南街流量增大，建议采用信号控制，两相位放行，如图10-54所示。

5）渠化方面，和平南路—城南东街交叉口取消和平南路南侧人行横道，和平南路—雁南街交叉口取消北侧人行横道，消除左转车流与行人冲突，提升交叉口通行效率。

实施单行分流后，和平南路—建设南路交通压力下降，服务水平提升。和平南路—建设南路交叉口具体评价结果见表10-26，和平南路—城南东街交叉口及和平南路—雁南街交叉口同理进行分析。建设南路—和平南路交叉口信号配时建议方案如图10-55所示。

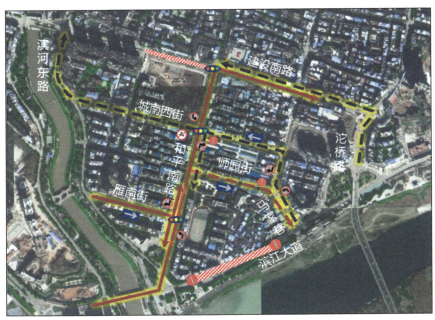

图 10-54 交通组织方案示意 2

表 10-26 方案实施后和平南路—建设南路交叉口评价

交叉口名称	方向	进口道情况	车道数量	通行能力/(pcu/h)	方案实施后流量/(pcu/h)	方案实施后饱和度	方案实施后服务水平
和平南路—建设南路交叉口	东	1直右1直左	2	1152	1225	1.16	F
	西	1直右1直左	2	782	636	0.81	D
	南	1直右1直左	2	764	688	0.90	E
	北	1直右1直左	2	764	714	0.94	E
	总评			3462	3263	0.94	D

注：以上配时方案及评价结果按照建设南路恢复通行后考虑

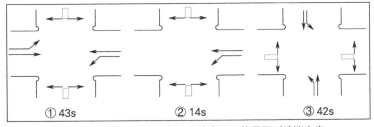

① 43s　　② 14s　　③ 42s

图 10-55 建设南路—和平南路交叉口信号配时建议方案

10.2.3.3 节点优化

滨江大道断道后，原滨江大道东—西方向流量将通过沱桥路—建设南路—和平南路绕行，导致建设南路—建设东路交叉口南进口左转流量增加。

南进口道现状宽度22m，建议重新渠化为"四进二出"，进口车道功能调整为"2左转，2直行"，同时优化信号配时，提升进口道能力，如图10-56、图10-57所示。

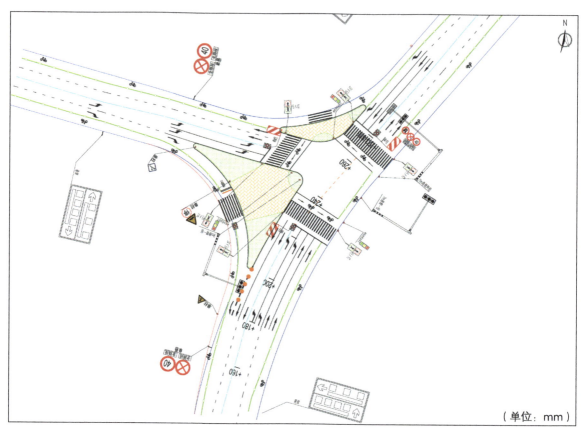

图10-56 建设南路—建设东路交叉口渠化示意图

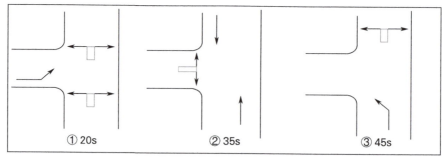

图10-57 建设南路—建设东路交叉口信号配时建议方案

注：交叉口范围内南进口道标线重新施划，其他保持现状不变

综合考虑师园街、城南东街的分流与交叉口能力的提升，优化后，该节点服务水平提升，见表10-27。

表 10-27　优化后建设南路—建设东路交叉口评价

交叉口名称	方向	进口道情况	车道数量	通行能力/（pcu/h）	优化后流量/（pcu/h）	优化后饱和度	优化后服务水平
建设南路—建设东路交叉口	西	左转	2	500	141	0.28	B
	南	左转	2	1125	903	0.80	D
		直行	2	980	435	0.44	B
	北	直行	2	980	588	0.60	C
	总评			3585	2067	0.58	C

10.2.3.4　交通管理

苌弘广场站一期施工将封闭滨江大道的重要路段，导致老城区到发交通通过片区内部路网绕行。为了利用支路网，打通微循环通道，应对核心分流道路加强管理，保障能力。具体包括：

1）清理师园街—马家巷、城南西街—城南东街—马家巷、雁南街内摊点及违停，增加分流通道。

2）加强片区违停管理，引导车辆去往路外停车场停车，避免违停车辆占用道路资源。

为应对施工期紧急交通状况，保证交通正常运行，不出现局部交通瘫痪，建议在和平南路—建设南路交叉口、和平南路—城南东街交叉口、建设南路—建设东路交叉口等关键节点、路段部署相关警务人员应对高峰和紧急交通状况。

第 11 章
交叉口施工区交通组织设计实例

Chapter Eleven

11.1 施工项目概述

轨道交通资阳线娇子大道站施工,该站点位于娇子大道—仁德西路交叉口。根据施工影响范围,确定娇子大道站施工期交通组织的项目范围为槐树北路—槐树西路—大千路—马三路—松涛路—娇子大道—幸福大道围合区域,约 3.8km², 如图 11-1 所示。由于项目东北方向与幸福大道平行的主干道交通转换点距离该交叉口过远,绕行距离超过 7km,车辆不会经该路径绕行,因此未计入影响范围。

图 11-1 娇子大道站项目影响范围示意图

项目技术路线如图 11-2 所示。

第11章 交叉口施工区交通组织设计实例

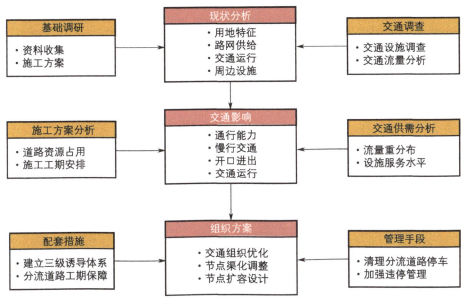

图 11-2 施工技术路线示意图

1. 用地特征

项目区域位于城北片区，娇子大道两侧以居住用地为主，商业、行政用地为辅，仁德西路东侧分布较为密集的居住用地，如图 11-3 所示，因此区域具有一定的到发交通需求，娇子大道以北尚处于发展阶段，总体需求不高。另一方面，项目区域紧邻高速出入口，娇子大道、仁德西路、幸福大道等干线通道承担部分进出城交通转换。

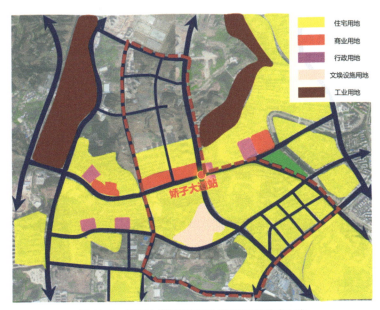

图 11-3 娇子大道站项目区域现状用地分布示意

153

2. 路网供给

区域已形成以槐树西路—大千路、幸福大道—仁德西路、娇子大道一段为"三横"，以娇子大道二段—广场路、药业路—皇龙路、马三路—松涛路为"三纵"的骨干路网结构，如图11-4所示。其中，娇子大道、仁德西路是城区各组团联系及进出城主要通道。

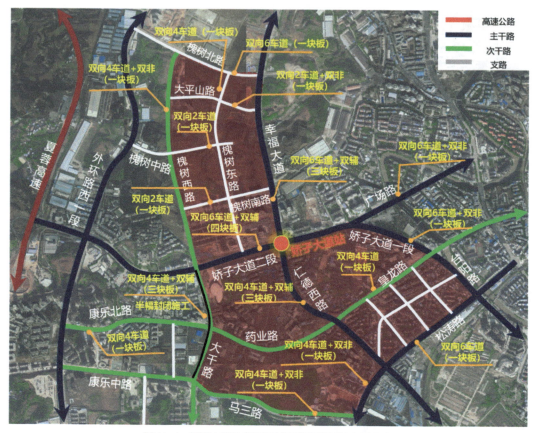

图11-4　娇子大道站项目区域现状路网用地布局示意

次支路网方面，娇子大道北侧路网处于发展阶段，未形成良好的横向联系，区域次支道路密度总体不高。

3. 交通运行

高峰时段区域交通整体运行情况良好，交通量集中在仁德西路、娇子大道、松涛路等城区主要通道上，早晚高峰运行现状分别如图11-5所示。娇子大道—仁德西路，娇子大道—广场路及松涛路—南骏大道部分进口道存在一定的拥堵。

4. 站点周边交通设施

站点周边交叉口范围内有多处开口，如图11-6所示，幸福大道东侧有2处开口，1处为小区开口，1处为停车场出入口；西侧有1处开口，为商场停车场出入口。仁德西路西侧有 2 处开口，东侧有 1 处开口，均为小区出入口。娇子大道北侧有 2 处开口，为单位出入口，南侧有 4 处开口，3 处为小区出入口，1 处为支路开口。

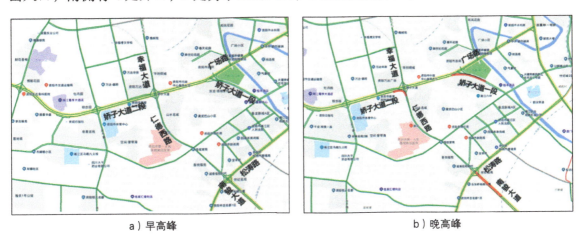

a）早高峰　　　　　　　　　　　　　　b）晚高峰

图 11-5　现状区域早、晚高峰交通运行示意

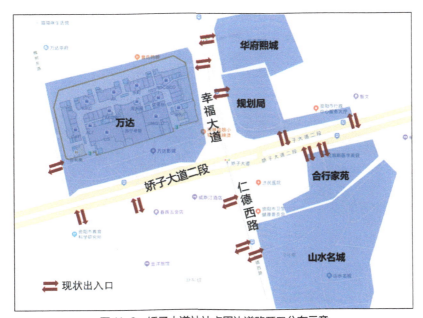

图 11-6　娇子大道站站点周边道路开口分布示意

停车设施方面，娇子大道北侧、仁德西路西侧人行道上有少量路内停车，幸福大道东侧有 1 处路外停车场，内有车位约 20 个。停车设施分布如图 11-7 所示。

公交设施方面，幸福大道、仁德西路交叉口范围内各有 1 公交站点，分别为万达广场站和市就业培训中心站。万达广场站有公交线路 7 路和牙谷专线 1 路停靠，市就业培训中心站有公交线路 5 路和 3 路停靠。娇子大道站点及线路分布如图 11-8 所示，站点周边线路及走向见表 11-1。

图 11-7 娇子大道站站点周边停车设施分布示意

图 11-8 娇子大道站站点周边公交站点及线路分布

表 11-1 站点周边线路及走向

站点名称	停靠线路	线路走向
万达广场站	7 路	大千路→娇子大道二段→幸福大道
	牙谷专线 1 路	康乐北路→大千路→娇子大道二段→幸福大道
市就业培训中心站	5 路	松涛路→台阳路→仁德西路→广场路
	3 路	娇子大道一段→仁德西路

11.2 » 施工期交通影响分析

娇子大道站分两期施工总工期41个月，下文以一期施工为例进行分析。娇子大道站一期站点打围工期为6个月，公共交通组织、交通诱导等方案大部分可以沿用到二期，因此这部分内容按照长期施工进行交通组织设计。

1. 通行能力影响分析

打围范围：娇子大道—仁德西路交叉口向北至万达金街附近，长度约250m，断道施工；向南至麻柳堰附近，东侧约120m，西侧约90m，占用人行道施工，如图11-9所示。

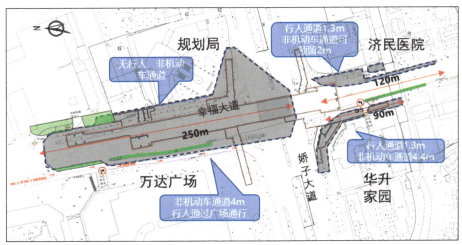

图11-9 娇子大道站一期打围方案

打围将导致幸福大道断道，同时围挡占用了娇子大道—仁德西路交叉口北侧的大量空间，将直接影响娇子大道—仁德西路交叉口的控制方式及通行能力。娇子大道现状渠化示意图和打围后渠化示意分别如图11-10所示。

a）现状　　　　　　　　　　b）打围后

图11-10 娇子大道—仁德西路现状渠化示意和打围后渠化示意

控制方式上，幸福大道断道打围后，娇子大道—仁德西路交叉口由原来的四路信控交叉口变为三路信控交叉口。各进口道因车道数量减少，非机动车干扰，以及线形不顺等问题，通行能力均有显著下降，节点整体通行能力下降约43%，娇子大道—仁德西路交叉口现状通行能力和打围后通行能力，分别见表11-2和表11-3。

表11-2 娇子大道—仁德西路交叉口现状通行能力

进口道	转向	饱和流率/（pcu/h）	车道数	绿信比	通行能力/（pcu/h）
东	左	1250	2	0.17	425
	直	1400	3	0.31	1302
西	左	1250	1	0.17	212.5
	直	1400	4	0.31	1736
南	左	1250	2	0.29	725
	直	1400	2	0.29	812
北	左	1250	1	0.23	287.5
	直	1400	2	0.23	644
合计					6144

表11-3 娇子大道—仁德西路交叉口打围后通行能力

进口道	转向	饱和流率/（pcu/h）	车道数	绿信比	通行能力/（pcu/h）
东	1直1直左	900	2	0.60	1080
西	直	900	3	0.60	1620
南	左	1000	2	0.40	800
合计					3500

此外，交叉口非机动车、行人流量较大，由于北侧围挡占用人行道，行人需在路内驻足等待，与非机动车混行，导致秩序混乱。

2. 慢行交通影响分析

由于打围封闭了幸福大道东侧的慢行通道，行人及非机动车均需通过娇子大道过街绕行，绕行距离达180m，如图11-11所示。

3. 出入口交通影响分析

打围范围内共影响4个出入口，如图11-12所示，幸福大道东侧路外停车场（近资阳市自然资源和规划局处）出入口封闭，停车场无法使用，影响车位数量30个。在前期拆除绿化的前提下，万达广场停车场、华府熙城及华升家园，3个建筑开口均可保证进出功能：万达广场停车场，前期拆除机非隔离绿化后保留进出功能，禁止右转；华府熙城，前期拆除人行道绿化后保留进出功能，禁止左转；华升家园，前期拆除机非隔离绿化后保留进出功能，禁止左转。

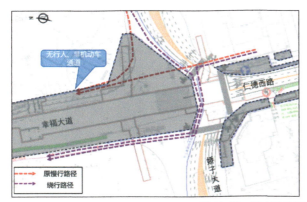

图11-11 行人及非机动车流线示意

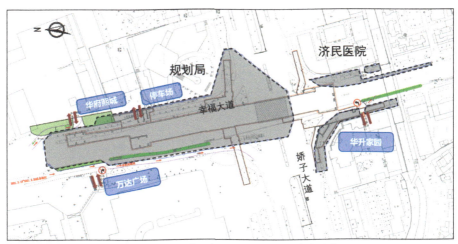

图11-12 受施工打围影响的出入口分布示意

万达广场进出方面，幸福大道断道后，仁德西路、娇子大道车辆可通过娇子大道—仁德西路交叉口转换后右转进入槐树东路前往停车场入口，如图11-13所示。出停车场的车辆需绕行至槐树南路去往槐树西路—娇子大道交叉口转换。与现状流线相比，幸福大道开口出场车辆绕行距离最大，约1.2km。

4. 公交运行影响分析

打围区域侵占了幸福大道上的"万达广场"公交站点，如图11-14所示，在该站点停靠的公交线路7路和牙谷专线1路需局部调整线路走向。

图 11-13　万达广场出入流线示意

图 11-14　受影响公交站点及线路分布

建议：北—南方向站点调整设置在槐树西路—大平山路交叉口南出口道 50~70m 处，以及槐树西路—槐树南路交叉口南出口道 50~70m 处；南—北方向站点调整设置在槐树西路—大平山路交叉口北出口道 50~70m 处，以及槐树西路—槐树南路交叉口北出口道 50~70m 处；线路通过槐树西路—槐树北路改线绕行。由于涉及调整的公交线路较少，对公交运行的影响不大。

5. 片区交通运行影响分析

幸福大道局部断道施工，车辆绕行槐树南路、槐树西路、槐树东路等道路，导致部分路段交通压力增。此外，由于幸福大道流量转移到娇子大道—槐树西路交叉口进行转换，同时娇子大道—仁德西路交叉口受打围影响能力大幅下降，因此，上述两个节点的交通运行状况将变差。交通绕行流线示意如图 11-15 所示，绕行流线如表 11-4 所示

图 11-15　交通绕行流线示意

表 11-4　交通绕行流线

施工内容	交通绕行流线
幸福大道局部路段断道施工	①幸福大道→槐树南路→槐树东路→万达广场/万达华府
	②幸福大道→槐树南路→槐树西路→槐树西路→娇子大道交叉口转换
	③仁德西路→娇子大道→槐树东路/槐树西路→槐树南路→幸福大道

（1）路段运行评价

流量因断道重分布后，槐树南路为主要的横向分流道路，现阶段道路两侧设置路内停车位，路段能力较低，绕行流量导致路段双向拥堵严重。槐树东路（南—北方向）饱和度较高，但槐树东路、槐树西路构成的纵向分流通道总体存在较大的富余。此外，幸福大道路基加固段，二阶段打围剩余宽度仅满足双向两车道通行，能力无法满足需求，拥堵严重。打围后流量分布如图 11-16 所示，施工影响范围内主要路段服务水平评价见表 11-5。

注：上图中数值表示现状流量（括号中为叠加流量）

图 11-16　打围后流量分布示意图

表 11-5　施工影响范围内主要路段服务水平评价

道路名称	方向	现状流量/ (pcu/h)	打围后流量/ (pcu/h)	通行能力/ (pcu/h)	饱和度	服务水平
槐树北路	东向西	156	656	1400	0.47	B
	西向东	162	662	1400	0.47	B
槐树南路	东向西	112	695	500	1.39	F
	西向东	167	674	500	1.35	F
槐树东路	北向南	119	262	1000	0.26	A
	南向北	134	975	1000	0.98	E
槐树西路	北向南	137	1077	1400	0.77	D
	南向北	129	295	1400	0.21	A
娇子大道	东向西	1411	2252	2700	0.83	D
	西向东	1117	1545	2700	0.57	B
幸福大道	北向南	1083	1083	800	1.35	F
	南向北	1007	1007	800	1.26	F

(2)交叉口运行评价

交叉口方面,受打围方案占地影响,娇子大道—仁德西路交叉口通行能力下降,服务水平为E级,东进口、南进口拥堵严重,打围后各交叉口服务水平评价见表11-6~表11-9。

表11-6 打围后娇子大道—仁德西路交叉口评价

交叉口名称	方向	进口道情况	车道数量	通行能力/(pcu/h)	打围后流量/(pcu/h)	打围后饱和度	打围后服务水平
娇子大道—仁德西路交叉口	东	1直行1直左	2	1080	1099	1.02	F
	西	直行	3	1620	964	0.60	C
	南	左转	2	800	1033	1.29	F
	总评			3500	3096	0.88	E

槐树南路沿线及娇子大道沿线节点流量增大,节点总体服务水平维持在D级以上,娇子大道—槐树西路交叉口部分转向严重拥堵,需调整信号配时,均衡能力。

表11-7 打围后娇子大道—槐树西路交叉口评价

交叉口名称	方向	进口道情况	车道数量	通行能力/(pcu/h)	打围后流量/(pcu/h)	打围后饱和度	打围后服务水平
娇子大道—槐树西路交叉口	东	左转	2	679	321	0.47	B
		直行	3	1920	885	0.46	B
	西	左转	2	304	212	0.70	C
		直行	3	1260	1143	0.91	E
	南	直左	2	520	362	0.70	C
		直右	1	260	120	0.46	B
	北	左转	1	277	281	1.02	F
		1直左1直右	2	598	653	1.09	F
	总评			5818	3977	0.68	C

注:大千路正在进行扩容改造,预计今年6月完成,站点一期施工阶段按照现状情况进行评价

表11-8 打围后槐树西路—槐树南路交叉口评价

交叉口名称	方向	进口道情况	车道数量	通行能力/(pcu/h)	打围后流量/(pcu/h)	打围后饱和度	打围后服务水平
槐树西路—槐树南路交叉口	东	左转	1	588	494	0.84	D
	南	直右	2	540	295	0.55	C
	北	直左	2	875	606	0.69	C
	总评			2003	1395	0.70	

表 11-9 打围后槐树南路—槐树东路交叉口评价

交叉口名称	方向	进口道情况	车道数量	通行能力/(pcu/h)	打围后流量/(pcu/h)	打围后饱和度	打围后服务水平
槐树南路—槐树东路交叉口	东	直左右	2	910	695	0.76	D
	西	直左右	2	520	217	0.42	B
	南	直左右	2	1170	975	0.83	D
	北	直左右	2	1170	21	0.02	A
	总评			3770	1908	0.51	C

6. 总结

娇子大道站一期施工交通影响评价显示主要有以下结论。

1）通行能力：一期站点打围方案下，娇子大道—仁德西路路口原四路信控交叉口变为三路信控交叉口，各进出口道车道数量减少，交叉口能力整体下降43%；路基加固二阶段方案下，幸福大道剩余宽度仅6.2m，双向两车道通行，路段能力下降73%。

2）慢行交通：打围封闭幸福大道东侧的慢行通道，行人及机非机动车绕行距离达180m。

3）出入口交通：在前期拆除绿化的前提下，打围范围内的三个主要的建筑出入口可保证进出功能，幸福大道东侧路外停车场出入口封闭。

4）静态交通：打围封闭幸福大道东侧路外停车场出入口，停车场无法使用，影响车位约30个。

5）公交运行：侵占公交站点1处，2条公交线路走向需局部绕行调整。

6）交通运行：分流交通将导致槐树南路（双向），娇子大道—仁德西路交叉口东进口、南进口，以及娇子大道—槐树西路交叉口部分转向拥堵严重。

11.3 » 交通组织优化思路

1. 路段扩容

由于施工作业区已侵占现状非机动车和人行道，因此无道路资源可以使用。因此，优先考虑施工影响区道路取消路内停车位，增加道路有效通行空间。

2. 节点优化

打围方案重新渠化、调整车道宽度，优化车道数量。该交叉口为横跨式施工区，应注意车流走行轨迹的顺畅，曲线处使用较大转弯半径，考虑车道加宽。优化信号配时，提升节点通行能力。

3. 交通组织

配合节点优化方案，禁止转向，提高交通瓶颈通行能力。

4. 诱导分流

建立多级诱导方案，引导车辆提前分流。

11.4 交通组织优化措施

1. 娇子大道站一期施工交通疏解方案

针对因施工造成的分流道路局部路段能力不足，关键节点运行情况恶化等交通影响，通过路段扩容、节点优化、交通组织及远端分流等综合措施，保障施工期城区交通的正常运行。

（1）措施一：路段扩容

幸福大道断道后，槐树南路将成为北侧主要的横向分流道路。现阶段道路两侧设置路内停车位，利用率较高，但周转率较低，多被长时占用。槐树南路以南有万达广场、万达华府小区等商业、住宅，具备较为充足的配建停车资源。因此，建议取消槐树南路两侧路内停车位，如图11-17所示，引导车辆去往附近的路外配建停车场停车。

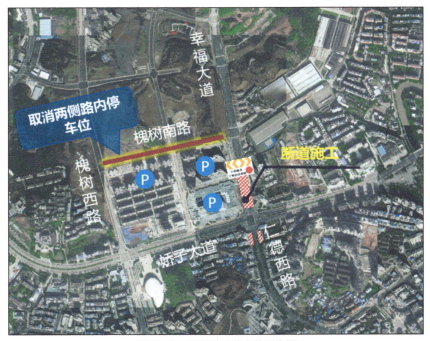

图11-17　取消路内停车位示意图

路内停车位取消后,道路由双向两车道调整为双向四车道,可满足分流交通需求,扩容后槐树南路路段评价见表 11-10。

表 11-10 扩容后槐树南路路段评价

道路名称	方向	现状流量/ (pcu/h)	打围后流量/ (pcu/h)	扩容后通行能力/ (pcu/h)	扩容后 饱和度	扩容后 服务水平
槐树南路	东向西	112	695	1000	0.70	C
	西向东	167	674	1000	0.67	C

(2)措施二:节点优化

1)娇子大道—仁德西路交叉口。娇子大道—仁德西路交叉口作为娇子大道站施工打围的作业区,因道路资源及慢行空间的占用,通行能力大幅下降,行人、非机动车通行极为不便。由此,应根据打围方案,重新渠化、分配交叉口空间,保证车流、慢行交通的安全与效率,如图 11-18 所示。

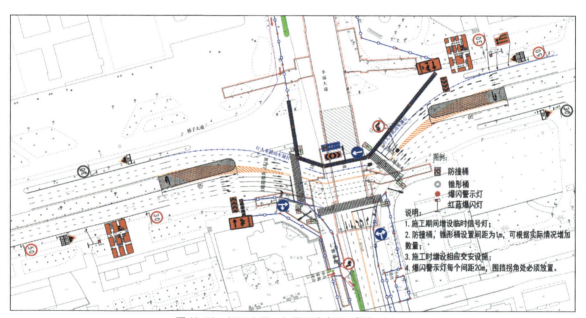

图 11-18 娇子大道—仁德西路交叉口渠化示意图

实施禁左后,原左转车流通过广场路—娇子大道节点提前左转绕行,广场路进口道左转流量增加,建议对该方向重新进行渠化,调整为"5 进 3 出",进口车道功能为"1 左掉头 1 左转 2 直行 1 右",如图 11-19 所示。

优化后,娇子大道—仁德西路交叉口服务水平有所提升,娇子大道—广场路交叉口服务水平可接受,这两个交叉口优化后的评价分别见表 11-11 和表 11-12。

第11章 交叉口施工区交通组织设计实例

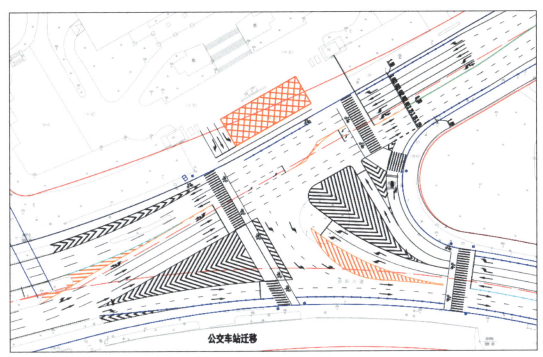

注：交叉口范围内东进口道标线重新施划，其余保持现状不变。

图11-19 娇子大道—广场交叉口渠化示意图

表11-11 优化后娇子大道—仁德西路交叉口评价

交叉口名称	方向	进口道情况	车道数量	通行能力/(pcu/h)	打围后流量/(pcu/h)	优化后饱和度	优化后服务水平
娇子大道—仁德西路交叉口	东	直行	2	950	933	0.98	F
	西	直行	3	1425	964	0.68	C
	南	左转	2	1050	1033	0.98	F
	总评			3425	2930	0.86	E

表11-12 优化后娇子大道—广场路交叉口评价

交叉口名称	方向	进口道情况	车道数量	通行能力/(pcu/h)	打围后流量/(pcu/h)	优化后饱和度	优化后服务水平
娇子大道—广场路交叉口	东	左转	2	556	365	0.66	C
		直行	2	996	663	0.67	C
	西	左转	1	111	30	0.27	B
		直行	3	1524	565	0.37	B
	南	左转	2	667	585	0.88	E
		直行	2	684	23	0.03	A

（续）

交叉口名称	方向	进口道情况	车道数量	通行能力/(pcu/h)	打围后流量/(pcu/h)	优化后饱和度	优化后服务水平
娇子大道—广场路交叉口	北	左转	1	250	35	0.14	A
		直行	1	342	48	0.14	A
	总评			5130	2314	0.45	B

2）其他关键分流节点。施工绕行导致娇子大道—槐树西路交叉口槐树西路北进口流量增加，根据流量特征，调整信号配时，如图11-20所示。优化后，北进口道服务水平提升，见表11-13。

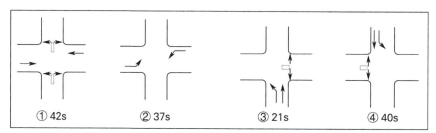

① 42s ② 37s ③ 21s ④ 40s

图11-20 娇子大道—槐树西路交叉口信号配时建议方案

表11-13 优化后娇子大道—槐树西路交叉口评价

交叉口名称	方向	进口道情况	车道数量	通行能力/(pcu/h)	打围后流量/(pcu/h)	优化后饱和度	优化后服务水平
娇子大道—槐树西路交叉口	东	左转	1	330	321	0.97	F
		直行	3	1260	885	0.70	C
	西	左转	2	661	212	0.32	B
		直行	3	1260	1143	0.91	E
	南	直左	2	390	362	0.93	E
		直右	1	195	120	0.62	C
	北	左转	1	357	281	0.79	D
		1直行1直右	2	771	653	0.85	D
	总评			5224	3977	0.76	D

注：大千路正在进行扩容改造，预计2023年6月完成，站点一期施工阶段按照现状情况进行评价

打围后，槐树南路、槐树西路等分流道路流量增加，为保证安全，建议槐树南路—槐树西路、槐树南路—槐树东路交叉口启用信号控制，如图11-21所示，采用两相位放行。

图 11-21 优化节点管控方式示意图

（3）措施三：交通组织

配合交叉口设计方案实施。如娇子大道—仁德西路交叉口东进口实施禁左管理，提升节点能力。

（4）措施四：远端分流

应建立多级诱导指示，引导车辆提前分流：一级分流诱导设置在封闭路段相邻强制分流节点及主要分流路径的关键节点处；二级分流诱导设置在至少提前一个可绕行节点及城区主要道路、节点处。一级分流诱导采用绕行标志牌，二级分流诱导采用施工提示标志牌，如图 11-22 所示。

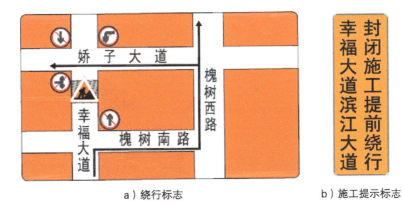

a）绕行标志　　　　　　　　b）施工提示标志

图 11-22 绕行标志示意和施工提示标志示意

设置位置方面：如果路口有现状标志牌，则分流指示牌设置在现状标志牌上游 30m 处；如果路口无现状标志牌，则分流指示牌设置在距离路口 50~80m 内。

版面大小及安装方式：建议绕行标志采用 2000mm×1500mm 版面，施工提示标志采用 800mm×2300mm 版面；建议单独立杆设置，实际施工过程中，可根据现场已立杆件基础情况考虑合杆，如图 11-23 所示。

图 11-23　道路指示标志示意

此外，在主要通道的关键信号交叉口上设置道路指示标志，连续引导车辆去往"南骏大道"和"成渝高速"方向。建议版面采用 2200mm×1100mm 大小或 2200mm×800mm 大小，根据现场已立杆件基础情况考虑合杆设置。

对于娇子大道站一期站点施工的诱导方案如图 11-24 所示，共设置一级诱导点位 6 处，绕行标志牌 8 个；共设置二级诱导点位 6 处，提示标志牌 9 个；道路指示牌 6 个。

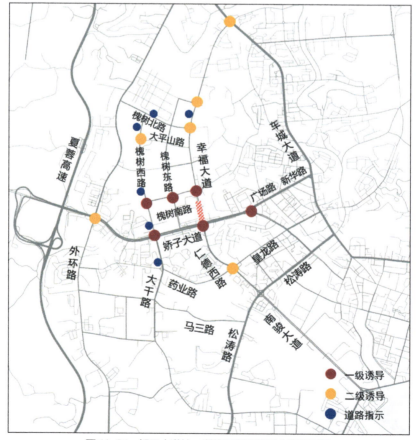

图 11-24　娇子大道站一期施工交通诱导方案示意图

第12章
多条道路分期施工交通组织设计实例
Chapter Twelve

12.1 项目概述

12.1.1 项目背景

简阳老城区道路总长度共计约20km，本次施工道路总长度为6.4km，占比约为32%。根据施工工艺的要求，全幅道路施工16条，占比为76%；半幅施工5条，占比为24%。施工道路共计21条，其中5条老城区交通主干道，3条交通次干道。项目周期为2019年4月—2019年12月，建设时间较长。目前受地理位置和城市历史发展的制约，老城区路网存在先天不足，东西不通、南北不畅。近5年来，小汽车年均增长率达到20%，交通需求远大于交通供给，同时老城区区域饱和度高达0.65、新城区饱和度0.47，如图12-1所示，主要道路拥堵严重。本次项目的施工建设，势必会造成老城区"由点及线到面"的交通拥堵状况。

简阳市旧城区雨水管道施工占道建设内容包括渡口街、火车站街（白塔路—红建路段）、安象街、

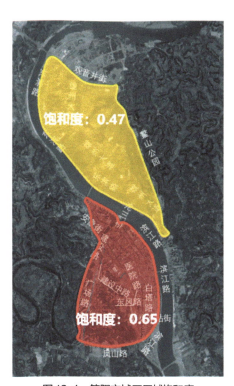

图12-1 简阳市城区区域饱和度

健康街、银安街、南街、正中街、北街、下西街、西街、政府街、政府东街、交警巷、蓝鲸路（五友路至红建路段）、健身街、健康路、农牧路、滨江路、凤山路、石笋井街，共计21条街道，路网分布见图12-2，施工占道计划见表12-1。

图 12-2 简阳市多条道施工路网图

表 12-1 简阳市旧城区雨水管网施工占道计划表

序号	街道名称	备注
1	渡口街	全封闭
2	火车站街（白塔路—红建路段）	全封闭
3	安象街	预留单车道
4	健康街	全封闭
5	银安街	全封闭
6	南街	全封闭
7	正中街	全封闭
8	北街	全封闭

(续)

序号	街道名称	备注
9	下西街	全封闭
10	西街	全封闭
11	政府街	预留5m
12	政府东街	预留6m
13	交警巷	全封闭
14	蓝鲸路（五友路至红建路段）	全封闭
15	蓝鲸路（红建路至滨江路段）	全封闭
16	健身街	全封闭
17	健康路	全封闭
18	农牧路	全封闭
19	滨江路	半幅封闭
20	凤山路	半幅封闭
21	石笋井街	全封闭

12.1.2 方案目标

简阳市河东污水处理厂及配套管网项目，预期在2019年12月31日之前完成，完成时所有项目涉及道路雨水管道施工完毕，在施工期间保障道路交通有序、安全通行，避免简阳老城区出现大面积瘫痪现象。由于项目涉及道路较多，工期较长，必须分阶段施工。

12.2 施工阶段划分原则

12.2.1 时间划分原则

1）每条道路施工周期控制在40~50天之内。

2）考虑节假日因素，中考、高考期间为避免影响考生，所有路段禁止施工；简阳龙舟赛期间，滨江路片区涉及赛事的区域停止施工；学生暑假期间交通流量较低，为重点施工时段；国庆节期间交通流量较大，所有路段禁止施工。

12.2.2 空间划分原则

1）先难后易原则。在宏观上优先选择易完成路段进行施工，尽早缓解交通压力。

2）主主分离原则。交通性主干道在各施工阶段分开施工，避免出现交通瘫痪现象。

3）横纵分离原则。横向道路和纵向道路不能在同一时间段同时开工，确保区域交通连续顺畅。

4）合并同类项原则。交通影响范围相同或者相似的道路，在同一个施工期内完成。

5）交通组织持续不变原则。道路施工过程中的交通组织方案应该维持长期不变。

12.2.3 各阶段交通组织方案研究重点

1. 打围方案

1）研究各施工阶段每一期的打围时间。

2）研究沿线交通节点，精细化确定节点打围方案，合理选取全幅打围、半幅打围、四分之一幅打围的打围方式。

3）研究路段，精细化确定路段打围方案，合理选取全幅打围、半幅打围的打围方式。

2. 交通组织方案

1）交通组织：对于节点进行交通标线精细化设计，并根据具体交通流情况设计信号放行方案；对路段确定单向放行还是双向放行。

2）配套交安设施：根据具体施工情况设置各类施工期交通标志和防撞桶、爆闪灯等各类交通安全设施。

3）公交：对公交线路重新优化，解决公交站点的临时布置问题。

4）停车：施工期间对路内停车泊位进行优化。

5）慢行交通：施工期间对人行横道位置进行优化。

3. 其他

施工期间确保消防通道和小区居民出行顺畅，确保居民日常出行和应对紧急突发情况。

12.3 施工阶段划分方案

根据施工划分原则及施工单位的施工能力将所有施工道路分为5个阶段，具体划分依据、施工道路名称、施工时间见表12-2，各阶段施工路段具体位置见图12-3。

表12-2 简阳市多条道路施工阶段划分方案表

阶段划分	序号	道路名称	时间	时间划分依据
第一阶段	01	农牧路	2019.04.29—2019.06.05（共计38天）	压缩工期，避开中高考，最晚需在06.12前完工 高考时间：06.07—06.08 中考时间：06.13—06.14
	02	渡口街		
	03	交警巷		
	04	蓝鲸路（五友路—红建路）		
第二阶段	01	安象街	2019.07.10—2019.08.18（共计40天）	龙舟赛结束后启动第二阶段施工 龙舟赛：06.15—07.04 暑假：07.08—08.30 安象街作为重要干道，需在暑假交通量较小的期间施工
	02	下西街		
	03	蓝鲸路（红建路—滨江路）		
	04	健身街		
	05	健康路		
	06	政府街		
	07	火车站街		
	08	滨江南路（路段）		
	09	石笋井街		
第三阶段	01	滨江南路（路段）	2019.09.01—2019.09.30（共计30天）	需在国庆节交通量高峰前完成第三阶段的施工
	02	政府东街		
	03	银安街		
	04	健康街		
第四阶段	01	滨江路	2019.10.08—2019.11.20（共计44天）	
	02	西街		
	03	白塔路—凤山路交叉口		
第五阶段	01	北街	2019.11.21—2019.12.30（共计40天）	需在元旦交通量高峰前完成第五阶段的施工
	02	正中街		
	03	南街		
	04	白塔路—凤山路交叉口		

图 12-3　简阳市多条道路施工阶段划分方案图

在同一施工阶段，由于各道路施工方案不一致，同一条道路仍然需要分期施工。交警巷全段及交警巷和滨江路交叉口全部路面均需要开挖施工。交警巷为支路，对路网交通影响较小，因此采用全封闭施工。交警巷和滨江路交叉口为了减少对红建路的交通影响，不使两条道路同时中断，分两期采用横跨式施工区，见图 12-4、图 12-5。同时设置绕行标志，提示交警巷全封闭施工，车辆通过相邻道路绕行。

第12章 多条道路分期施工交通组织设计实例

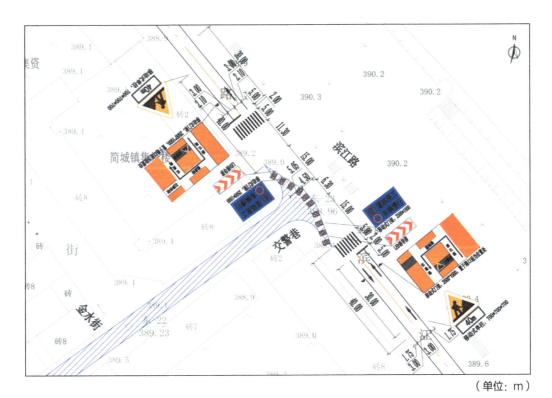

（单位：m）

图12-4 交警巷和滨江路交叉口第一期施工

（单位：m）

图12-5 交警巷和滨江路交叉口第二期施工

177

第13章
快速路施工区交通组织设计实例

Chapter Thirteen

13.1 项目概述

13.1.1 项目背景

重庆内环快速路于2002年建成，总长78.58km，设计时速80km/h，最大纵坡4.5%，是重庆打造的城市重要路网结构中的"环线"，如图13-1所示。

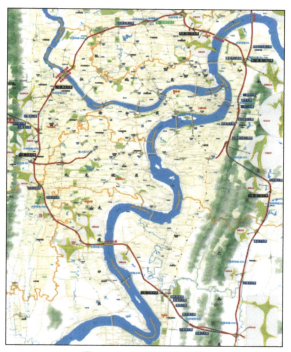

图13-1 重庆内环快速路

自通车以来，仅在2006年进行过一次沥青加铺处治，路面使用期限达到17年，其中沥青路面使用期限已达13年，接近设计年限（15年）。随着重庆市经济社会的快速发展，内环快速路承担的交通量也日益增加，远超设计交通量标准，现有道路路面开裂、车辙、沉陷、剥落等病害十分普遍，沿线设施也出现不同程度的破损与老化，严重影响了行车的安全性、舒适性、美观性。因此，重庆内环快速路的现有质量水平已远远不能满足市民安全出行、舒适驾驶的需要，对城市的高品质生活与高质量发展产生了较大影响，需要对重庆内环路进行施工维护。

13.1.2 项目范围

如图13-2所示，内环快速路南环至凤中段综合整治工程起于南环立交，止于凤中立交，综合项目周边路网情况与综合整治工程施工期间可能产生的交通影响程度，根据（CJJ/T141—2010）《建设项目交通影响评价技术标准》，综合整治工程项目影响范围主要是南环立交至凤中立交相关路段，以及各立交节点连接道。

图13-2 综合整治范围

13.2 交通现状调查分析

13.2.1 施工路段及外围路网情况

目前，重庆市已经以快速路网为骨架，主次干路为基础，建立功能明确、级配合理、相对完善的片区城市道路网络，利用越江桥梁和穿山隧道，在片区道路网络基础上构建都市区"片区网格自由式"的道路网系统，如图13-3所示。

如图13-4所示，现状内环快速路为双向6车道+应急停车带，部分路段已经重新划线为双向8车道，总计21km。与整治段之间关联的互通节点有南环立交、巴南立交、华陶立交、大渡口立交、新华立交、华岩立交、凤中立交7座立交，起着服务周边片区，连接内环快速路的重要节点功能。各立交连接道情况见表13-1。

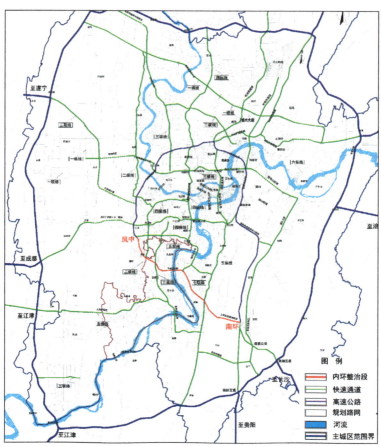

图 13-3 整治路段范围外围路网

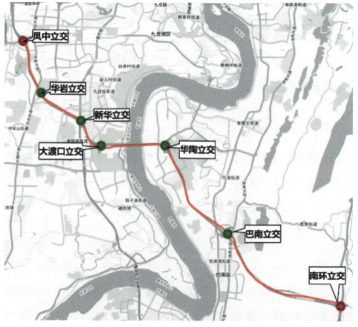

图 13-4 南环快速路南环至凤中段

表 13-1 各立交连接道情况

立交名称	服务范围	连接道	车道数	道路等级
南环立交	沙坪坝区、九龙坡区、大渡口区、巴南区	渝湘高速	4	高速公路
		渝黔高速	4	高速公路
		富城路	4	次干道
巴南立交	巴南区	渝南大道	6	主干道
		龙洲大道	6	主干道
华陶立交	巴南区、九龙坡区	红光大道	4	次干道
		两桥连接道	6	主干道
大渡口立交	大渡口区	钢花路	6	主干道
		银桥路	6	主干道
新华立交	大渡口区、九龙坡区	西城大道	6	主干道
华岩立交	九龙坡区	迎宾大道	6	主干道
		华龙大道	6	主干道
凤中立交	九龙坡区、沙坪坝区	新区大道	10	主干道

13.2.2　施工路段交通运行情况

为了更直观地了解项目周边道路交通运行情况，根据项目影响范围特点，对影响范围内主要节点断面进行交通数据采集。内环快速路南环至凤中段交通量情况见表 13-2。

表 13-2　内环快速路南环至凤中段交通量情况　　　　　　　　（单位：辆/h）

时间	地点					
	南环至巴南段	巴南至华陶段	华陶至大渡口段	大渡口至新华段	新华至华岩段	华岩至凤中段
0—1 时	935	932	1327	1090	1215	1492
1—2 时	693	625	882	731	860	1076
2—3 时	495	476	698	597	630	737
3—4 时	453	407	577	457	576	739
4—5 时	518	490	639	533	565	769
5—6 时	990	979	1279	1178	1429	1869

（续）

时间	地点					
	南环至 巴南段	巴南至 华陶段	华陶至 大渡口段	大渡口至 新华段	新华至 华岩段	华岩至 凤中段
6—7 时	2634	3228	4538	4043	5140	5685
7—8 时	3105	6110	7871	6968	7696	6993
8—9 时	3612	5658	7464	6558	7367	6548
9—10 时	3754	4763	6743	5878	6772	6655
10—11 时	4004	4661	5850	5305	6232	5893
11—12 时	3929	4225	5454	4917	5647	5418
12—13 时	3685	4117	5511	4740	5487	5520
13—14 时	4302	4663	5953	5109	5722	5611
14—15 时	4800	4748	5886	5181	6038	5798
15—16 时	4814	4448	6095	5364	6445	6019
16—17 时	4922	4300	5822	5374	6447	6033
17—18 时	5789	4280	4642	5927	7359	6719
18—19 时	4464	4542	4884	5709	7575	7042
19—20 时	4465	5165	6903	5692	5992	6709
20—21 时	3343	3557	5217	4893	5351	5497
21—22 时	2625	2909	4096	3608	4006	4431
22—23 时	2431	2596	3521	3124	3518	3885
23—24 时	1565	1797	2404	2179	2392	2600
合计	72327	79676	104256	95155	110461	109738

各断面交通运行情况如表 13-3 所示。

从表 13-3 可以看出，整体上看，早晚高峰各断面服务水平多在 D~E 级，道路处于饱和或过饱和状态，交通压力较大，平峰服务水平处于 B~D 级，道路部分路段接近饱和状态，当有突发事件发生时，道路极易陷入拥堵状态。

表 13-3　各断面交通运行情况

时间	南环—巴南		巴南—华陶		华陶—大渡口		大渡口—新华		新华—华岩		华岩—凤中	
	饱和度	服务水平	饱和度	服务水平	饱和度	服务水平	饱和度	服务水平	饱和度	服务水平	饱和度	服务水平
0—1 时	0.15	A 级	0.14	A 级	0.18	A 级	0.15	A 级	0.18	A 级	0.23	A 级
1—2 时	0.11	A 级	0.10	A 级	0.12	A 级	0.10	A 级	0.12	A 级	0.15	A 级
2—3 时	0.08	A 级	0.07	A 级	0.09	A 级	0.08	A 级	0.09	A 级	0.11	A 级
3—4 时	0.08	A 级	0.07	A 级	0.08	A 级	0.07	A 级	0.09	A 级	0.11	A 级
4—5 时	0.10	A 级	0.09	A 级	0.10	A 级	0.09	A 级	0.11	A 级	0.14	A 级
5—6 时	0.18	A 级	0.17	A 级	0.21	A 级	0.19	A 级	0.24	A 级	0.32	B 级
6—7 时	0.53	B 级	0.57	B 级	0.74	C 级	0.66	C 级	0.87	D 级	1.04	E 级
7—8 时	0.87	D 级	0.90	D 级	1.26	E 级	1.09	E 级	1.19	E 级	1.15	E 级
8—9 时	0.88	D 级	0.87	D 级	1.29	E 级	1.12	E 级	1.18	E 级	1.13	E 级
9—10 时	0.80	D 级	0.73	C 级	1.00	D 级	0.89	D 级	1.00	D 级	1.04	E 级
10—11 时	0.78	D 级	0.78	D 级	1.03	E 级	0.88	D 级	1.01	E 级	1.04	E 级
11—12 时	0.64	C 级	0.63	C 级	0.85	D 级	0.73	C 级	0.85	D 级	0.91	D 级
12—13 时	0.56	B 级	0.58	B 级	0.78	D 级	0.67	C 级	0.77	D 级	0.86	D 级
13—14 时	0.65	C 级	0.66	C 级	0.86	D 级	0.76	D 级	0.89	D 级	0.94	D 级
14—15 时	0.69	C 级	0.67	C 级	0.90	D 级	0.80	D 级	0.94	D 级	1.00	D 级
15—16 时	0.69	C 级	0.68	C 级	0.91	D 级	0.77	D 级	0.89	D 级	0.91	D 级
16—17 时	0.69	C 级	0.64	C 级	0.86	D 级	0.74	C 级	0.86	D 级	0.91	D 级
17—18 时	0.80	D 级	0.73	C 级	1.00	D 级	0.84	D 级	0.96	D 级	0.94	D 级
18—19 时	0.79	D 级	0.78	D 级	1.03	E 级	0.88	D 级	1.03	E 级	0.99	D 级
19—20 时	0.58	B 级	0.58	B 级	0.80	D 级	0.68	C 级	0.83	D 级	0.88	D 级
20—21 时	0.43	B 级	0.42	B 级	0.60	C 级	0.52	B 级	0.62	C 级	0.65	C 级
21—22 时	0.30	B 级	0.30	B 级	0.42	B 级	0.39	B 级	0.48	B 级	0.53	B 级
22—23 时	0.32	B 级	0.33	B 级	0.43	B 级	0.38	B 级	0.45	B 级	0.54	B 级
23—24 时	0.22	A 级	0.23	A 级	0.28	B 级	0.25	B 级	0.30	B 级	0.34	B 级

13.2.3 外围道路交通运行情况

为了更直观地了解项目周边道路交通运行情况,做好施工期间交通组织,根据项目影响范围的特点,对项目周边路段进行了交通量调查。如图 13-5 所示,外围道路分布于巴南区、大渡口区和九龙坡区。

通过对巴南区各条道路高峰时期交通量进行分析,得出高峰时期各流向服务水平大部分在 C~D 级,仅渝南大道在高峰小时达到 E 级,道路部分路段接近饱和状态,当有突发事件发生时,道路极易陷入拥堵状态,见表 13-4。

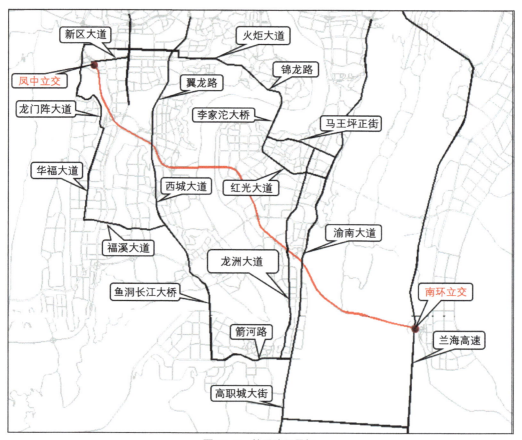

图 13-5 外围路网骨架

表 13-4 巴南区外围道路服务水平

道路名称	高峰时段	方向	交通量/(pcu/h)	饱和度	服务水平
李家沱大桥	早高峰	北向南	1961	0.81	D
		南向北	1859	0.77	D
	晚高峰	北向南	2052	0.86	D
		南向北	1849	0.76	D

（续）

道路名称	高峰时段	方向	交通量/(pcu/h)	饱和度	服务水平
红光大道	早高峰	东向西	2030	0.85	D
		西向东	2231	0.93	D
	晚高峰	东向西	2131	0.89	D
		西向东	1569	0.65	C
马王坪正街	早高峰	东向西	1560	0.69	C
		西向东	1716	0.72	C
	晚高峰	东向西	2081	0.87	D
		西向东	1698	0.71	C
渝南大道	早高峰	南向北	3948	1.09	E
		北向南	2750	0.76	D
	晚高峰	南向北	2653	0.74	C
		北向南	4098	1.14	E
龙洲大道	早高峰	北向南	2526	0.70	C
		南向北	2491	0.69	C
	晚高峰	北向南	2501	0.69	C
		南向北	2552	0.71	C
箭河路	早高峰	东向西	2485	0.71	C
		西向东	3020	0.86	D
	晚高峰	东向西	3180	0.88	D
		西向东	3498	0.97	D

通过对大渡口区和九龙坡区各条道路高峰时期交通量进行分析，得出高峰时期各流向服务水平大部分在 B~D 级，大部分道路部分路段运行状况较好，少部分路段饱和度较高，当有突发事件发生时，道路极易陷入拥堵状态。

13.2.4 周围可分流路径分析

根据交通年度报告资料，真武山隧道交通量已经达到 120000pcu/天，成为内环快速北向分流路径的瓶颈，因此北向各分流通道的交通压力都较大，如图 13-6 所示。鱼洞长江大桥日交通量为 45000pcu/ 天，李家沱长江大桥的交通量为 53000pcu/ 天，根据通行能力计算，这两条过江通道具有分流的可能，分流路径的分析见表 13-5。

图 13-6　分流区域分析

表 13-5　分流路径分析　　　　　　　　　　　　　　　　　　　（单位：pcu/h）

路名	高峰交通量	通行能力	盈余通行量
李家沱大桥	3862	4800	938
鱼洞大桥	4923	7200	2277
渝南大道	6752	7200	448
渝南分流道	5053	7200	2147
箭河路	6213	6878	665
华龙大道	6642	7200	558
西城大道	4857	7200	2343
钢花路	4065	4800	735
迎宾大道（施工转换）	3751	4800	1049
龙洲湾隧道	5163	7200	2037
红光大道	4263	4800	537

13.2.5　交通现状分析结论

1）综合整治路段周边有分流道路，但交通量大，是周边区域的主要交通干道，且同期施工节点较多，可分流能力不足。

2）综合整治路段高峰时段处于饱和状态，占道施工可能导致较严重拥堵。

3）综合整治路段平峰时段有一两条车道通行能力富余，可组织占用道路施工。

4）整治区段的路基段有应急车道，可作为道路施工转换空间使用，桥梁和隧道段无富余空间可利用。

13.3 施工期交通组织方案

13.3.1 基本路段交通组织方案

路基路面施工分为两个阶段，第一阶段对南环至凤中双向慢车道及应急车道侧施工，从 2020 年 8 月 22 日至 2020 年 10 月 16 日，工期共 55 天；第二阶段对南环至凤中双向中间车道及超车道侧施工，从 2020 年 10 月 16 日至 2021 年 1 月 4 日，工期共 80 天。

如图 13-7 所示，除马桑溪大桥外，南环至凤中段内环为双向 6 车道 + 应急停车带，共计 31.5m 宽，考虑到后期路面整治期间通行净宽以及作业面要求，需取消应急车道，建议进行断面车道重新调整。

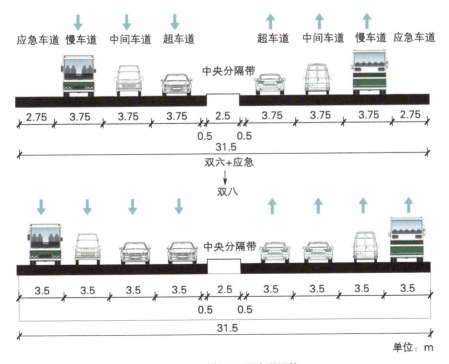

图 13-7 路基段断面车道调整

如图 13-8 所示，第一阶段为：南环至凤中双向占用慢车道及应急车道侧，预留快车道和超车道通行，沿线预留匝道口，此部分路面整治后期夜间单独施工。

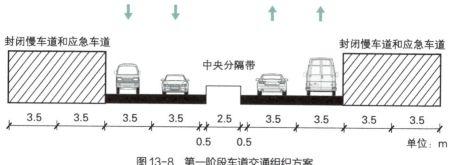

图 13-8 第一阶段车道交通组织方案

如图 13-9 所示，第二阶段：南环至凤中双向占用快车道和超车道，预留慢车道及应急车道通行。保证施工期间路段始终保持双向四车道通行。

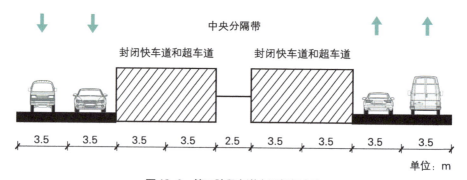

图 13-9 第二阶段车道交通组织方案

13.3.2 重点施工区域大桥交通组织方案

本次施工期间重点施工区域为马桑溪大桥路段，本文也以该路段为重点进行交通组织方案介绍。马桑溪大桥中央隔离拆除会引起桥面结构破坏，如图 13-10 所示，因此断面单幅无法施划 4 个车道。为保证桥梁改造施工质量和交通畅通，桥梁单边首先封闭 2 车道施工，借对向 1 车道的方式，采用双向"2+2"通车，然后桥梁单边再全封闭，半幅采用"2+1"通车。

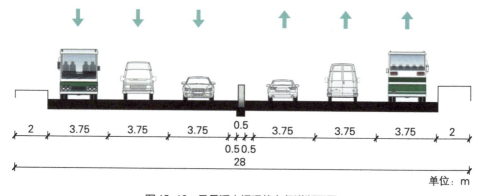

图 13-10 马桑溪大桥现状车行道断面图

半幅封闭施工前，在桥头两端恰当位置，拆除中央分隔带绿化，硬化成沥青路面，供车流转换到对向半幅双向运行，转换车道线形必须保证车流速度不小于40km/h，并完善安全设施。桥梁白天限制所有货车通行。

马桑溪大桥施工期间具体组织方案如下。

1. 转换道修建施工交通组织

如图13-11所示，桥头两端转换道护栏拆除、绿化移栽、基层混凝土浇筑及养护、沥青混凝土铺筑、标线等施工，夜间0:00—6:00占用往凤中方向1条超车道，白天恢复现状交通。

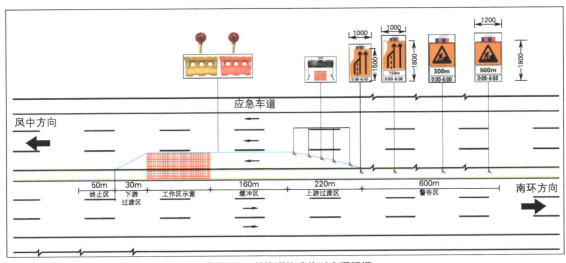

图13-11 转换道修建临时交通组织

2. 马桑溪大桥白天限货方案

如图13-12所示，马桑溪大桥施工期间，每日7时至22时禁止除持绿色通行证以外的所有载货汽车双向通行马桑溪长江大桥，其余持非绿色通行证载货汽车可根据通行证规定时间，按指定绕行线路通行。在外围远端设置限货标志，在进入马桑溪大桥节点位置设置管控点。以大渡口立交和华陶立交为节点设置五个管控点，每个管控点根据需要限货初期设置交通安全员，利用卡口并完善相关设施进行管控。

1）限货初期可根据需要设置交通协管人员。

2）利用卡口并完善相关设施进行管控。

3）具体管控方式以交管部门意见为准。

图 13-12　马桑溪大桥白天禁止所有货车通行方案

3. 马桑溪大桥进城半幅施工交通组织

马桑溪大桥由于进城方向伸缩缝已损坏，因此大桥优先施工进城方向。第一阶段 2020.8.22—2020.10.9，48 天，桥梁进城方向封闭 2 车道，进城借对向 1 条车道通行，双向 4 车道通行，双向"2+2"通行，如图 13-13 所示。第二阶段 2020.10.9—2020.10.28，20 天，桥梁进城全封，双向"2+1"通行，如图 13-14 所示。

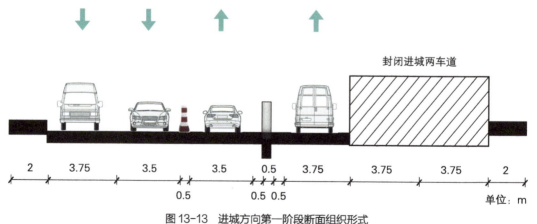

图 13-13　进城方向第一阶段断面组织形式

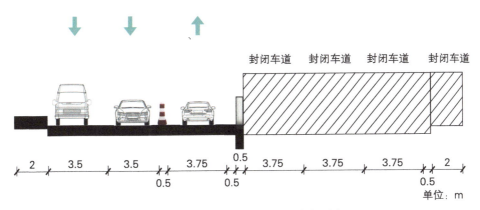

图 13-14　进城方向第二阶段断面组织形式

4. 马桑溪大桥出城半幅施工交通组织

进城方向施工完毕后开始出城方向施工，出城方向施工也分为两个阶段。第一阶段 2020.10.29—2021.12.14 共 47 天，桥梁出城封闭 2 车道，双向"2+2"通行，如图 13-15 所示。第二阶段 2020.12.14—2021.1.3 共 20 天，桥梁出城全封，双向"2+1"通行，如图 13-16 所示。

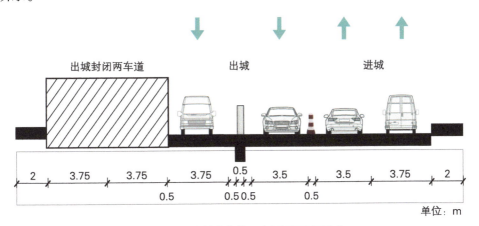

图 13-15　出城方向第一阶段断面组织形式

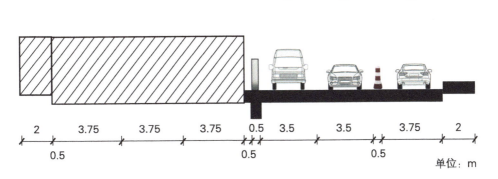

图 13-16　出城方向第二阶段断面组织形式

5. 临时应急组织方案

如图13-17所示,马桑溪大桥半幅封闭施工期间,当进城方向遇到车抛锚等紧急情况时,打开中间及两端预留的水马隔离开口,由现场人员摆放锥形桶,临时转换"1+1"通行,同时桥梁段配备1台大型拖车,能够灵活处理紧急情况。

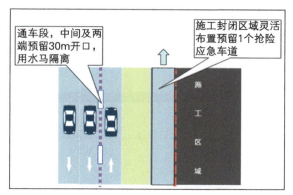

图13-17 马桑溪大桥应急组织

半幅封闭超车道抢先施工完成,当整治段周边出现区域严重拥堵时,例如华陶立交上道引起花溪片区红光大道和马王坪正街倒灌至渝南大道,以及新华立交、华岩立交上道引起九龙坡和大渡口局部片区性拥堵时,可在施工区域临时恢复1车道或2车道通行。

6. 分流绕行组织方案

交通流重新分配于路网有适应期,初期局部拥堵属于正常现象,后期会逐渐稳定,如图13-18所示。

(1)渝湘、渝黔往大渡口、九龙坡方向社会车辆及持通行证载货汽车

渝湘方向车辆分流线路绕行:渝湘高速—绕城渝湘互通—绕城高速—百合立交—东城大道—龙州湾隧道—高职城大道—箭河路—鱼洞长江大桥—西城大道—大渡口、九龙坡方向。

渝黔方向车辆分流线路绕行:渝黔高速—界石立交—龙州湾隧道—高职城大道—箭河路—鱼洞长江大桥—西城大道—大渡口、九龙坡方向。

(2)大渡口、九龙坡往渝湘、渝黔高速方向

西城大道—鱼洞大桥—箭河路—高职城大道—龙州湾隧道—界石立交—渝湘、渝黔方向。

图13-18 施工期间分流绕行路径

(3)大渡口、九龙坡往巴南方向

西城大道—鱼洞长江大桥—箭河路—渝南大道或西城大道—火炬大道—锦龙路—李家沱长江大桥—巴南方向。

(4)巴南往大渡口、九龙坡方向

红光大道—李家沱长江大桥—锦龙路—大渡口、九龙坡方向或渝南大道—鱼洞大桥—西城大道—大渡口、九龙坡方向。

(5)通过内环马桑溪大桥过境车辆

所有通过南环经马桑溪桥至西环双向过境车辆，必须通过绕城高速及射线高速绕行。

当凤中至华岩内环主线形成拥堵链时，为保西站畅通，将西站进出部分车辆分流至新区大道，绕行西城大道或往北诱导，由协勤人员临时指挥。

13.4 施工期交通影响分析

13.4.1 进出城方向影响分析

根据内环整治施工占道策略，路基段重新划分车道后，剩余 4 车道双向通行，车速降低到 40~60km/h，道路通行能力按此进行计算。

如图 13-19 和图 13-20 所示，通过道路饱和度计算，全天交通运行都处于饱和状态，较平常将延长至 2~3h。

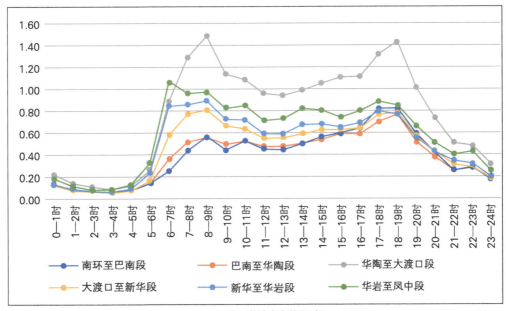

图 13-19　进城方向饱和度

图 13-20 出城方向饱和度

13.4.2 外围道路交通影响分析

通过对路网结构及交通需求分析，对施工期间路网交通量进行重新分配，届时周边主要分流道路交通量均可能达到饱和状态，其中李家沱大桥、渝南大道、箭河路、华龙大道、红光大道饱和度均超过1，拥堵较为严重，如表13-6所示。

表 13-6 施工期周边道路交通量及饱和度变化表

路名	高峰交通量 /（pcu/h）	施工期间高峰小时交通量/（pcu/h）	饱和度	施工期间饱和度
李家沱大桥	3862	4849	0.80	1.01
鱼洞大桥	4923	7008	0.68	0.97
渝南大道	6752	7377	0.94	1.02
渝南分流道	5053	6927	0.70	0.96
箭河路	6213	7460	0.90	1.08
华龙大道	6642	7795	0.92	1.08
西城大道	4857	6999	0.67	0.97
钢花路	3362	4718	0.70	0.98
迎宾大道（施工转换）	3751	4618	0.78	0.96
龙洲湾隧道	5163	6418	0.72	0.89
红光大道	4263	5503	0.89	1.15

根据饱和度分析来看，施工期间将会产生如下几个堵点，如图 13-21 所示。

图 13-21　交通堵点

1）新华立交将出现拥堵点，西城大道流量增大，箭河路出现拥堵和排队。

2）华陶立交往马桑溪方向高峰时段下道排队至主线。

3）高峰时段南环立交的拥堵将加剧，可能排队到渝黔、渝湘高速路的收费站。

4）华岩立交的下道拥堵将加剧，可能引起华龙大道和华福路的交通拥堵。

5）凤中立交及新区大道的排队将增加，可能影响新区大道进出西站的交通。

内环现状交通已经饱和，大修工程必须占用车道施工，在施工初期发生短期的交通拥堵不可避免，需要社会的支持和理解。

13.5　施工安全保障措施及应急预案

13.5.1　交通组织设施

1. 交通组织相关设施

1）施工区域预告标志：于施工区域前一定距离设置施工预告及车辆改道标志，顶部加装太阳能警示灯，保证夜间识别和安全。标志安装位置可采用单柱下插式，材料及固定方式需保证结构强度和抗风要求。进入内环快速施工段前，主线交通标志主标字高50cm，辅标字高30~35cm，标志版面厚度和反光膜等级符合相关规范强制性规定和交巡警要求。

2）隔离设施：为减少施工期间施工区域对社会车辆运行造成的影响，需要将施工区域与道路分隔开来，路基段利用红黄水马隔离。马桑溪大桥采用自稳定安全护栏隔离对向车流，在隔离中间设置两处各30m开口，用水马隔离便于应急转换。

3）提示警告设施：提示警告设施包括警示灯等，主要是用于提示驾驶人前方是施工区域，注意安全驾驶。提示警告设施必须能够及时提示驾驶人不易获取的信息，它能有效地防止安全事故的发生。

4）限货设施：马桑溪大桥改造期间实施全天所有货车限行（含持通行证货车），并在进入限货节点设置指示标志，同时在外围新华、巴南花溪片区、龙洲湾片区设置马桑溪大桥限制所有货车限行的指示预告。同时，在限货节点利用卡口进行管控执法。

5）线性诱导设施：在车道渐变减少或道路空间压缩位置连续设置2~3组LED双向箭头灯，然后再根据具体情况在弯道和渐变期间按相应规范设置线形诱导标志。

2. 电子监控设施

电子监控设施设置在施工区域附近，尤其针对交通转换点以及沿线立交分合流点，特别对马桑溪大桥应增设桥梁安全监控，监控范围应覆盖整个施工区域。通过图像传输通道将路面交通情况及施工情况实时上传到道路监控指挥中心，指挥中心可以据此及时了解各施工区域路面路段交通状况，以便掌握各路口车辆流量，实时在前方进行引导分流，确保交通安全有序畅通。

13.5.2 施工前期宣传措施

做好本次施工交通组织的宣传工作，交通组织实施前要提前通过重庆市交巡警相关辖区支队及有关媒体发布施工公告，告知社会该路段在施工期间可能发生一定的交通拥堵，请社会车辆择道通行，以削减该路段的弹性交通需求。

13.5.3 交通拥堵应急预案

1. 交通拥堵一级预案

当北段出城拥堵至西环，与高滩岩、杨公桥形成拥堵链时，为保通西站，开始启用出城方向一级交通预案，如图13-22所示。

第 13 章 快速路施工区交通组织设计实例

图 13-22 出城方向交通拥堵应急预案

1）在华岩立交及新华立交往大渡口方向节点设置管控，控制车辆驶入内环数量，同时将新华立交出城方向线强制分流至西城大道。出城车辆绕行鱼洞大桥→箭河路→高职城大道→龙洲湾→G75→G65。

2）巴南花溪李家沱方向车辆于金家湾立交（临时打开现状封闭左转）进入金钟大道，由大渡口银桥路匝道汇入马桑溪大桥，通过该部分车辆绕行延长马桑溪大桥排空时间。

当南环立交进内环方向匝道排队影响主线茶园方向通行时，响应进城方向一级交通拥堵预案，关闭南环渝黔和渝湘方向进内环匝道口，于南泉立交掉头或鹿角立交、天鹿大道、福鹿大道绕行。

辖区主管部门根据实际交通运行情况对该匝道采取应急管控时，提前通知，交通协管人员即刻就位，并按要求布设临时设施当内环方向车辆开始疏散时，将该匝道即刻打开。

2. 交通拥堵二级预案

当启用交通拥堵一级预案后，在一周之内并没有得到任何改善时，启用交通拥堵二级预案，如图 13-23 所示，对马桑溪大桥实施两个尾号轮流限行，将机动车号牌（含临时号牌）尾数（阿拉伯数字 0~9）分为 5 组，每 2 个数字为 1 组，每个工作日禁止 1 组尾号的机动车在 7:00—22:00 限行通过马桑溪大桥进城方向。星期一：1 和 6；星期二：2 和 7；

星期三：3和8；星期四：4和9；星期五：5和0（注：军车、警车、消防车、救护车和工程抢险车等受到批准的特殊车辆不限行）。

图 13-23　两个尾号轮流限行方案

3. 交通拥堵三级预案

当启用交通拥堵一、二级预案后，半个月内并没有得到任何改善时，响应三级交通拥堵预案，如图 13-24 所示，对马桑溪大桥过境交通实施单双号限行，将机动车号牌（含临时号牌）尾数（阿拉伯数字 0~9）分为 2 组，每个工作日禁止单号或双号的机动车在 7:00—22:00 限行时段通过马桑溪大桥进城方向，但军车、警车、消防车、救护车和工程抢险车等受到批准的特殊车辆不限行。

图 13-24　单双号限行方案

第 14 章
隧道施工区交通组织设计实例

Chapter Fourteen

14.1 施工项目概述

14.1.1 项目简介及研究范围

重庆市慈母山隧道在自然环境的长期作用下，涂层发生开裂、粉化、剥落、变色等现象，失去原有的装饰保护功能，严重影响洞门的装饰效果和车辆行驶安全，有必要对隧道进行修复升级，具体包括隧道内裂缝及渗水等病害处治、原防火涂料铲除、重新进行隧道内与洞门涂刷、两侧拱腰涂装清洁、挂装饰板、安装灯具桥架线缆及交通标识系统。

慈母山隧道段包括：慈母山1号隧道、慈母山2号隧道及长岭岗隧道三座隧道。隧道为快速路，车流量较大，施工期间占用现状道路对现状交通影响较大，因此有必要编制施工交通组织设计方案。本次交通组织设计为慈母山隧道段，针对沿线交通路网，参照《建设项目交通影响评价技术标准》，确定主要研究道路为盘龙立交、慈母山隧道、开迎路等，如图 14-1 所示。

图 14-1 项目位置及研究范围

14.1.2 交通组织原则及思路

为了保障施工隧道交通运行的安全与畅通的目标，施工期间有必要对施工隧道及其周边区域的交通运行进行合理的疏导与组织，减少因施工对车辆出行产生的不良影响，或因突发事件而导致交通缓行、堵塞，杜绝大面积交通瘫痪情况的发生，以保证相应区域交通运行的安全与畅通。交通组织的基本原则如下。

1）诱导为主，管制为辅。

2）保障畅通的原则：在整个施工期间，从时间和空间上使交通流均衡分布，保障周边道路的畅通。

3）保障安全原则：施工期间临时交通管制不影响车辆安全运行。

4）综合协调、系统考虑的原则：严格按照批准的交通组织方案进行施工，综合考虑施工和相邻道路交通情况，系统规划、合理安排。

14.2 项目及周边交通现状调查分析

14.2.1 项目及周边道路情况

慈母山隧道：慈母山1号隧道、慈母山2号隧道及长岭岗隧道三座隧道均为双向六车道，单洞三车道隧道，现状如表14-1和图14-2所示。慈母山1号隧道西侧洞门为端墙式，东侧洞门为削竹式；慈母山2号隧道两端洞门均为削竹式洞门；长岭岗隧道两端洞门均为削竹式洞门。

表14-1 隧道现状情况

序号	隧道名称	单洞	长度	建筑限界净宽	净高
1	慈母山1号隧道	左洞	2184m	13.75m	5m
		右洞	2188m		
2	慈母山2号隧道	左洞	2470m		
		右洞	2471m		
3	长岭岗隧道	左洞	469m		
		右洞	475m		
	合计长度		10.257km		

第14章 隧道施工区交通组织设计实例

图 14-2 现状隧道情况

慈母山隧道项目位于重庆市南岸区开迎路，西起于盘龙立交，东终接开迎路，往绕城高速方向，与其平行的有茶园路，如图14-3所示。

图 14-3 现状周边关键道路

14.2.2 项目及周边道路交通运行分析

6月某周五、周六、周二的全天交通量如表14-2所示。

表 14-2 全天交通量 （单位：pcu/h）

时段	2021.4.23（星期五）		2021.4.24（星期六）		2021.4.27（星期二）	
	出城	进城	出城	进城	出城	进城
00:00—01:00	608	604	684	582	624	560
01:00—02:00	466	342	472	398	436	346

201

（续）

时段	2021.4.23（星期五）		2021.4.24（星期六）		2021.4.27（星期二）	
	出城	进城	出城	进城	出城	进城
02:00—03:00	301	225	379	271	264	250
03:00—04:00	151	97	168	99	133	88
04:00—05:00	150	127	164	145	133	92
05:00—06:00	283	225	265	200	256	184
06:00—07:00	888	578	385	420	951	609
07:00—08:00	1134	777	1358	937	1487	1030
08:00—09:00	1076	755	1756	990	1267	949
09:00—10:00	1168	932	1657	1150	1594	1116
10:00—11:00	1178	927	1414	1056	1649	1228
11:00—12:00	1209	1076	1302	1166	1452	1286
12:00—13:00	1178	1140	1199	1142	1216	1103
13:00—14:00	1228	1063	1335	1212	1596	1271
14:00—15:00	1198	1049	1259	1349	1578	1320
15:00—16:00	1317	1310	1299	1336	1464	1573
16:00—17:00	1137	1441	1109	1320	1332	1676
17:00—18:00	913	1148	1004	1399	1160	1721
18:00—19:00	1002	1125	1221	1443	1204	1387
19:00—20:00	1427	1616	854	1403	1264	1291
20:00—21:00	1104	1283	1015	1204	925	988
21:00—22:00	900	1021	797	920	688	739
22:00—23:00	653	819	563	707	618	657
23:00—24:00	476	447	438	388	425	447

从断面的高峰小时交通量分布来看，无论是工作日还是周末，断面交通量均具有潮汐现象，早高峰出城方向高于进城方向，晚高峰进城方向高于出城方向，其中周末比工作日潮汐现象更明显。

第14章 隧道施工区交通组织设计实例

总体来说项目段全天白天交通量较大，早上 6:00—7:00 交通量迅速增加，22:00 后交通量大幅度降低。

周末最大交通量为出城方向 9:00—19:00 时段内，约在 1756 辆左右；周五最大交通量为进城方向 17:00—21:00 时段内，约在 1616 辆左右；周二出城方向早高峰 1649 辆，晚高峰 1721 辆，双向交通潮汐现象最明显。20:00 后交通量开始降低，普遍在 1000 辆左右，22:00 后交通量普遍降低到 700 辆以下。因此，综合全天交通量运行分析，对交通影响较大的施工内容应置于夜间进行。

通过计算得到路段的通行能力，并根据现有路段交通量与通行能力比值（V/C），如表 14-3 所示。

表 14-3　现状全天服务水平分析

时段	2021.4.23（星期五）		2021.4.24（星期六）		2021.4.27（星期二）	
	出城	进城	出城	进城	出城	进城
00:00—01:00	0.24	0.24	0.28	0.23	0.25	0.23
01:00—02:00	0.19	0.14	0.19	0.16	0.18	0.14
02:00—03:00	0.12	0.09	0.15	0.11	0.11	0.10
03:00—04:00	0.06	0.04	0.07	0.04	0.05	0.04
04:00—05:00	0.06	0.05	0.07	0.06	0.05	0.04
05:00—06:00	0.11	0.09	0.11	0.08	0.10	0.07
06:00—07:00	0.36	0.23	0.16	0.17	0.38	0.25
07:00—08:00	0.46	0.31	0.55	0.38	0.60	0.41
08:00—09:00	0.43	0.30	0.71	0.40	0.51	0.38
09:00—10:00	0.47	0.38	0.67	0.46	0.64	0.45
10:00—11:00	0.47	0.37	0.57	0.43	0.66	0.49
11:00—12:00	0.49	0.43	0.52	0.47	0.58	0.52
12:00—13:00	0.47	0.46	0.48	0.46	0.49	0.44
13:00—14:00	0.49	0.43	0.54	0.49	0.64	0.51
14:00—15:00	0.48	0.42	0.51	0.54	0.64	0.53
15:00—16:00	0.53	0.53	0.52	0.54	0.59	0.63

（续）

时段	2021.4.23（星期五）		2021.4.24（星期六）		2021.4.27（星期二）	
	出城	进城	出城	进城	出城	进城
16:00—17:00	0.46	0.58	0.45	0.53	0.54	0.68
17:00—18:00	0.37	0.46	0.40	0.56	0.47	0.69
18:00—19:00	0.40	0.45	0.49	0.58	0.48	0.56
19:00—20:00	0.57	0.65	0.34	0.57	0.51	0.52
20:00—21:00	0.44	0.52	0.41	0.48	0.37	0.40
21:00—22:00	0.36	0.41	0.32	0.37	0.28	0.30
22:00—23:00	0.26	0.33	0.23	0.28	0.25	0.26
23:00—24:00	0.19	0.18	0.18	0.16	0.17	0.18

整体上看，慈母山隧道段白天交通量较大，早上出城高峰和晚上进城高峰由于货车比例增高，路段服务水平较低；夜间较为畅通，对交通影响较大的施工内容考虑夜间22:00后进行。慈母山隧道段交通量货车比例较高，为20%~30%，施工前需通过媒体提前发布信息，进行引导和分流，降低施工影响区域车速，避免安全事故。

14.3 » 施工交通组织设计方案

14.3.1 施工内容及工期安排

施工内容：侧拱腰涂装清洁、挂装饰板、现状通信管线保护及迁移、涂刷洞顶和涂装洞门断面轮廓。具体施工内容及工期安排如14-4所示。

表14-4 施工内容及工期安排

作业面	占道情况	起止时间	持续天数
长岭岗隧道右侧防火涂料	夜间占右侧两车道	1→6	6
长岭岗隧道左侧防火涂料	夜间占左侧两车道	7→12	6
慈母山2号隧道右侧防火涂料	夜间占右侧两车道	13→28	16
慈母山2号隧道左侧防火涂料	夜间占左侧两车道	29→44	16
慈母山1号隧道右侧防火涂料	夜间占右侧两车道	45→60	16
慈母山1号隧道左侧防火涂料	夜间占左侧两车道	61→76	16

（续）

作业面	占道情况	起止时间	持续天数
长岭岗隧道右侧防火装饰板	夜间占右侧一车道	77→84	8
长岭岗隧道左侧防火装饰板	夜间占左侧一车道	85→92	8
慈母山2号隧道右侧防火装饰板	夜间占右侧一车道	93→114	22
慈母山2号隧道左侧防火装饰板	夜间占左侧一车道	115→136	22
慈母山1号隧道右侧防火装饰板	夜间占右侧一车道	137→158	22
慈母山1号隧道左侧防火装饰板	夜间占左侧一车道	159→180	22

14.3.2 隧道涂料施工交通组织设计

三个隧道分开施工，首先施工长岭岗隧道，其次施工慈母山2号隧道，最后施工慈母山1号隧道。隧道内裂缝及渗水等病害处治、原防火涂料铲除、重新进行隧道内与洞门涂刷，隧道涂料施工共计76天（23:00—5:00）。每个隧道涂料施工分两次占道，右侧涂料施工占右侧两车道，如图14-4所示；左侧涂料施工占左侧两车道，施工涂料隧道夜间始终保证1车道通行，如图14-5所示。

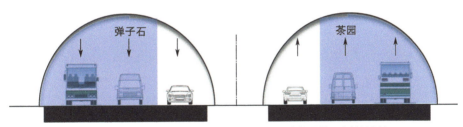

图14-4 隧道涂料施工第一次占右侧两车道（做隧道一半的涂料）

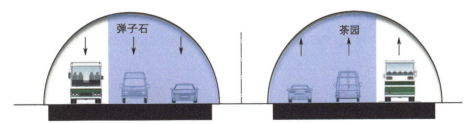

图14-5 隧道涂料施工第二次占左侧两车道（做隧道另一半的涂料）

1）占道侧布控前方1000m、500m、300m施工信息预告。

2）涂料施工期间夜间3车道压缩为1车道，渐变过程若有"匝道汇入"，需在"匝道汇入"前压道渐变，将车速提前降低，然后"匝道汇入车辆"安全汇入主线。若没有"匝道汇入"，则按实际运行速度设置渐变段、缓冲区，逐级压缩车道。

3）渐变过程设置锥形桶渐变压道，局部汇合区域设置水马封堵，锥形桶和水马上设置警示灯或爆闪灯，渐变段每 10m 设置 LED 箭头灯。

4）施工区域前 100m 处设置路栏及带有 LED 施工信息预告的工具车（配备协勤），进行场所封堵。交通设施为临时设施，白天恢复现状交通时提前撤离，夜间施工期间至少设置 1 台巡逻车，配备两名交通安全员，同时维护交通设施正常。

5）交通设施若设置在隧道内，则需设置可移动的主动发光标志。白天恢复交通时，则应及时撤离。

第 1→6 天长岭岗隧道双向占右侧 2 车道施工右侧涂料，此时施工两个隧道断面一半的涂料。第 7→12 天占左侧 2 车道，施工两个隧道断面另一半的涂料，长度 0.46km。白天恢复现状 3 车道交通运行条件。隧道内临时交通设施白天及时撤离。

第 13→28 天占慈母山 2 号隧道双向右侧 2 车道，施工两个隧道断面一半的涂料，第 29→44 占慈母山 2 号隧道双向左侧 2 车道，施工两个隧道断面剩下的另一半涂料，长度 2.47km。白天恢复现状 3 车道交通运行条件。

第 45→60 天慈母山 1 号隧道双向占右侧 2 车道施工右侧涂料，此时施工两个隧道断面一半的涂料，如图 14-6、图 14-7 所示。第 61→76 天占左侧 2 车道，施工两个隧道断面另一半的涂料，如图 14-8、图 14-9 所示，隧道全长 2.18km。白天恢复现状 3 车道交通运行条件。隧道内的临时交通设施白天应及时撤离。

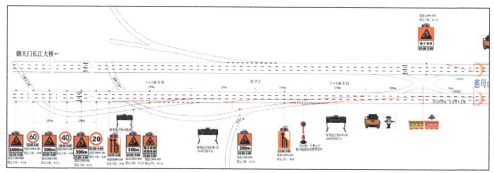

图 14-6　慈母山 1 号隧道双向占右侧 2 车道施工右侧涂料 1

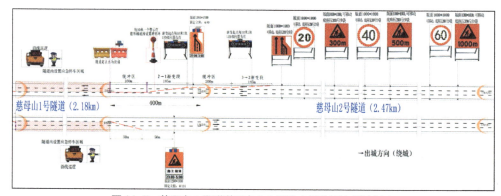

图 14-7　慈母山 1 号隧道双向占右侧 2 车道施工右侧涂料 2

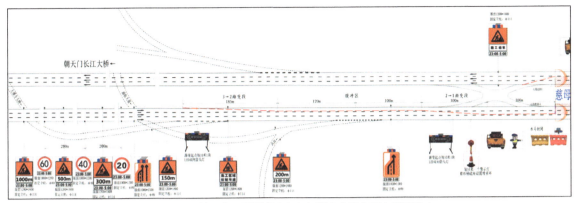

图 14-8 慈母山 1 号隧道双向占左侧 2 车道施工左侧涂料 1

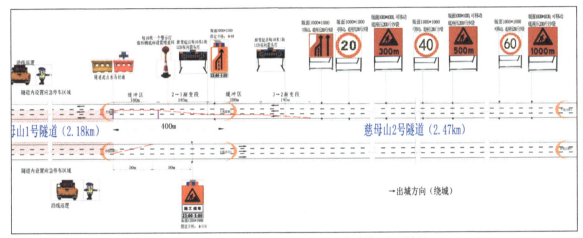

图 14-9 慈母山 1 号隧道双向占左侧 2 车道施工左侧涂料 2

14.3.3 隧道防火板施工交通组织设计

三个隧道分开施工，首先施工长岭岗隧道，其次施工慈母山 2 号隧道，最后施工慈母山 1 号隧道。隧道拱腰涂装清洁、挂装饰板、安装灯具桥架线缆、现状通信管线保护迁移及交通标识系统，隧道防火板施工共计 104 天（23:00—5:00）。隧道防火板施工分 2 次占道，如图 14-10 所示；右侧防火板施工占右侧 1 车道，左侧防火板施工占左侧 1 车道，如图 14-11 所示。

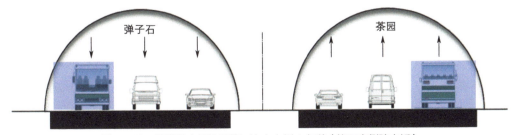

图 14-10 隧道防火板施工第一次占右侧 1 车道（施工右侧防火板）

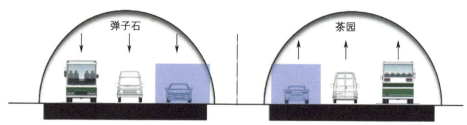

图 14-11 隧道防火板施工第二次占左侧 1 车道（施工左侧防火板）

1）占道区域两侧布控前方 1000m、500m 施工预告。双向占用 1 车道采用车道逐级减少的方式进行，并在进入施工区域前每隔 200m 设置逐级降速禁令标志。

2）3 车道变 2 车道，首先设置渐变段 185m、缓冲段 200m，占道前方 300m 处设置 3→2 车道减少预告标志，并在进入时设置车道减少标志。

3）占道结束后，设置 50~100m 施工终止区域，并设施工结束标志。

4）渐变过程用锥形桶压缩车道，局部汇合区域设置水马隔离，同时施工期间配备巡逻车和安全员对设施进行维护，每个渐变段每 10m 设置线形诱导箭头灯。

5）施工控制区域需要延伸直线段，便于运行车辆及时获取作业信息，禁止在弯道开始处布控和结束布控。

6）所有标志加装爆闪灯，施工区域前 100m 处设置路栏及带有 LED 施工信息预告的工具车（配备协勤）进行场所封堵。

7）交通设施若设置在隧道内，则应设置可移动的主动发光标志。白天恢复交通时，则应及时撤离。

施工作业区交通组织设计方案参考 14.3.2 小节"隧道涂料施工交通组织设计"。

14.4 交通影响分析

14.4.1 隧道占两车道交通影响分析

本次隧道内裂缝及渗水等病害处治、原防火涂料铲除、重新进行隧道内与洞门涂刷时，夜间封闭隧道 2 车道，通过现状交通运行分析可知，夜间 22:00 交通量在 800pcu/h 左右，凌晨 1:00 以后双向交通量在 500pcu/h 以下，6:00 后开始恢复到 1000pcu/h 左右。进行隧道封闭两车道后通过流量和剩余车道进行饱和度分析，如果 23:00 之前施工或者凌晨 5:00 以后继续施工，道路饱和度较大，如表 14-5 所示，因此为进一步减小施工影响，建议在夜间 23:00—凌晨 5:00 之间施工。

表 14–5　夜间双向封闭 2 车道后饱和度分析

时段	2021.4.23（星期五）		2021.4.24（星期六）		2021.4.27（星期二）	
	出城	进城	出城	进城	出城	进城
21:00—22:00	1.09	1.23	0.96	1.11	0.83	0.89
22:00—23:00	0.79	0.99	0.68	0.85	0.75	0.79
23:00—24:00	0.58	0.54	0.53	0.47	0.51	0.54
00:00—01:00	0.73	0.73	0.83	0.70	0.75	0.68
01:00—02:00	0.56	0.41	0.57	0.48	0.53	0.42
02:00—03:00	0.36	0.27	0.46	0.33	0.32	0.30
03:00—04:00	0.18	0.12	0.20	0.12	0.16	0.11
04:00—05:00	0.18	0.15	0.20	0.18	0.16	0.11
05:00—06:00	0.34	0.27	0.32	0.24	0.31	0.22
06:00—07:00	1.07	0.70	0.47	0.51	1.15	0.74

14.4.2　隧道占 1 车道交通影响分析

拱腰涂装清洁、挂装饰板、安装灯具桥架线缆及交通标识系统，还有现状通信管线保护及迁移等，占双侧 1 车道，剩余 4 车道通行，通过全天流量和道路剩余条件，进行饱和度分析（表 14–6），以此确定施工时段。为进一步减少对交通的影响，施工时段建议在夜间 23:00—凌晨 5:00 进行。

表 14–6　双向封闭 1 车道后饱和度分析

时段	2021.4.23（星期五）		2021.4.24（星期六）		2021.4.27（星期二）	
	出城	进城	出城	进城	出城	进城
00:00—01:00	0.34	0.34	0.38	0.32	0.35	0.31
01:00—02:00	0.26	0.19	0.26	0.22	0.24	0.19
02:00—03:00	0.17	0.13	0.21	0.15	0.15	0.14
03:00—04:00	0.08	0.05	0.09	0.06	0.07	0.05
04:00—05:00	0.08	0.07	0.09	0.08	0.07	0.05
05:00—06:00	0.16	0.13	0.15	0.11	0.14	0.10
06:00—07:00	0.50	0.32	0.21	0.23	0.53	0.34
07:00—08:00	0.63	0.43	0.76	0.52	0.83	0.57
08:00—09:00	0.60	0.42	0.98	0.55	0.71	0.53

（续）

时段	2021.4.23（星期五）		2021.4.24（星期六）		2021.4.27（星期二）	
	出城	进城	出城	进城	出城	进城
09:00—10:00	0.65	0.52	0.92	0.64	0.89	0.62
10:00—11:00	0.66	0.52	0.79	0.59	0.92	0.68
11:00—12:00	0.67	0.60	0.73	0.65	0.81	0.72
12:00—13:00	0.66	0.64	0.67	0.64	0.68	0.62
13:00—14:00	0.68	0.59	0.74	0.68	0.89	0.71
14:00—15:00	0.67	0.59	0.70	0.75	0.88	0.74
15:00—16:00	0.73	0.73	0.72	0.75	0.82	0.88
16:00—17:00	0.63	0.80	0.62	0.74	0.74	0.93
17:00—18:00	0.51	0.64	0.56	0.78	0.65	0.96
18:00—19:00	0.56	0.63	0.68	0.80	0.67	0.77
19:00—20:00	0.80	0.90	0.48	0.78	0.70	0.72
20:00—21:00	0.62	0.72	0.57	0.67	0.52	0.55
21:00—22:00	0.50	0.57	0.44	0.51	0.38	0.41
22:00—23:00	0.36	0.46	0.31	0.39	0.34	0.37
23:00—24:00	0.27	0.25	0.24	0.22	0.24	0.25

14.5 施工期间交通安全保障措施

14.5.1 施工作业区标志

根据本次施工作业除常规的施工作业区标志外，重点增加如下标志。

车道减少标志：3车道变2车道、2车道变1车道。首先设置车道减少预告标志，并在进入时设置车道减少标志，如图14-12所示。

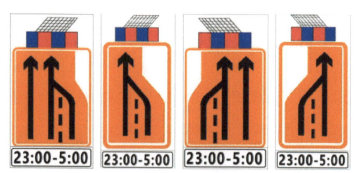

图14-12 车道减少标志

隧道内设置的可移动标志板面：隧道内增设标志时，由于无法固定，因此应设置可移动式的。同时，为了保障夜间辨认，应采用主动发光的标志板。隧道内可移动标志设置在检修道上，底座压沙袋，面对迎车方向倾斜设置，白天撤离设施至道路外，如图14-13所示。

图14-13 可移动主动发光标志设置

14.5.2 组织措施

1. 做好宣传工作，提前发布施工公告

做好本次施工交通组织的宣传工作，交通组织实施前要提前通过重庆市交巡警总队、相关辖区支队及各大媒体发布施工公告，告知社会该路段在施工期间将发生一定的交通拥堵，以削减该路段的弹性交通需求。

2. 做好施工人员的交通安全教育

在工程开工前，要对全体施工人员进行交通安全教育。通过会议宣传等多种形式，提高施工人员的交通安全意识，杜绝野蛮施工，切实落实交通组织方案。施工作业队应将安全生产意识淡薄、连续违规的人员清除出场。管理人员要以身作则，进入施工现场必须穿反光背心、戴安全帽，佩戴工作证件。每道工序施工前必须对职工进行详细的安全交底。

14.5.3 交通应急预案

1. 施工交通应急管理组织

（1）工作目标

确保快速、及时、妥善处置发生在施工区域的突发事件；施工区域发生突发事件后能够快速分流；施工路段发生突发事件后，车辆能够正常运行；交通安全员工作时不出任何意外。

（2）组织领导

成立以辖区支队分管领导、项目执行经理为组长，项目部总工为副组长的应急指挥协调组，安全总监负责抽调人员组成应急处理工作队，负责施工期间交通应急处理工作。

（3）处置原则

按照统一指挥、分工协作、协调联动、整合资源、信息共享、远点分流、近点疏导的基本原则，有效处置因突发事件而引起的道路交通堵塞。

2. 突发事件应急措施

（1）应急措施

建立健全紧急情况处置组织体系，专门负责紧急情况的处理与管理，确保在出现交通堵塞等紧急事件的情况下能保证道路的顺利通行。具体措施如下，项目部设交通安全储备人员2名，需要时可以随时投入交通疏导工作。在施工区域附近布置大型拖车，拖车可采用与附近单位协议租赁的方式，可在紧急状态下调度。设置专门的交通管控点，安排安全员值班。由项目部交通安全员及时向交通管理部门及时汇报交通状况，并根据交通管理部门的指示进行疏导交通。

（2）交通信息发布与应急诱导

当施工路段发生严重交通堵塞或交通事故时，通过交通诱导发布屏，微信，微博等平台及时发布交通信息，对即将通过施工路段的交通流进行合理分流，使其绕行其他线路，避免进一步交通堵塞情况的发生。

第 15 章
桥梁施工区交通组织设计实例

Chapter Fifteen

15.1 过河桥梁施工区交通组织设计实例

15.1.1 项目概述

15.1.1.1 项目背景

内江市老沱桥加固工程项目和牌楼路跨线桥工程项目（简称老沱桥项目）位于内江市的市中区与东兴区，项目平面位置如图 15-1 所示。项目主要包括三部分内容：①新江路拓宽改造工程；②牌楼路跨线桥工程；③老沱桥加固工程。

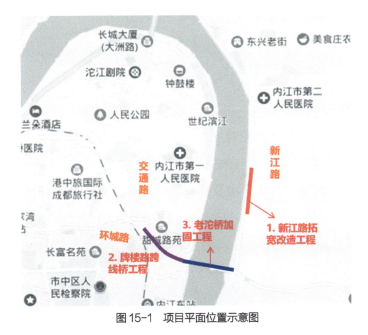

图 15-1 项目平面位置示意图

沱江大桥和与之相连的环城路均是内江市区的交通动脉，且目前交通需求已接近饱和，区域内又缺少能力相近的平行分流道路。在此打围施工，会对市中区的骨干路网以及与市中区相连接的西林大桥、桐梓坝大桥产生较大影响。应对该项目施工期的交通影响进行评价,并根据评价分析结果,提出相应的交通组织设计优化方案和具体的实施建议。

15.1.1.2 项目范围

考虑本工程所处的地理区位、区域交通需求生成以及周边道路交通状况。确定本次交通影响评价范围为环城路、桐梓坝大桥、东桐路、沿江路所围区域,核心评价环城路沿线路段及交叉口,如图15-2所示。

图 15-2　项目研究范围示意图

15.1.1.3 拟建项目简介

新江路进行拓宽改造,部分路段对现有的双向四车道新江路拓宽为双向六车道,新江路西侧靠江,防护堤建成,设计向东侧拓宽,如图15-3所示。西侧原路面及路基较好。包含的工程有挖方、护面墙、雨水管沟及检查井、路基、路面及交安设施安装。

图 15-3　新江路拓宽改造工程示意图

牌楼路跨线桥工程。上跨市政道路牌楼路，工程位于牌楼路口，沿环城路方向跨线桥的修建，如图15-4所示。施工包括施工的准备阶段及桩基施打、承台、墩身、梁的浇筑、桥面安装等。桥梁全长221m，下穿道净空按5.0m控制，平面上位于直线段与$R=300m$圆曲线上，桥宽为16m。

图15-4　牌楼路跨线桥修建示意图

老沱桥加固工程。老沱江大桥位于内江市市中区环城路上，跨越沱江河，如图15-5所示。老沱桥并行桥梁为新沱桥，两座桥分别承担单向交通，为两块板桥梁。

图15-5　老沱桥加固示意图

根据项目业主提供的施工打围方案，牌楼路跨线桥项目和沱桥加固项目于2019年4月开始动工，于2019年12月30日完工。新江路拓宽于2019年5月20号开始动工，并于2019年10月10日完成拓宽。新江路目前相关路段已打围，双向通行2车道，施工时也是双向 2 车道，故新江路施工期对周围交通影响较小。根据分析，牌楼路跨线桥新建和沱桥加固工程完工前这 9 个月时间内（2019.04.01—2019.12.30），为交通影响最大的时间段，见表 15-1。

表 15-1 工期具体时间安排表

内江市老沱桥加固工程项目和牌楼路跨线桥工程项目			
时间段	2019.5.20—2019.10.10	2019.4.1—2019.12.30	2019.4.1—2019.12.27
施工内容	新江路（K0+560—K0+860）拓宽	牌楼路跨线桥工程	老沱桥加固工程
直接影响	新江路（目前新江路相关路段已打围，剩 2 车道用于双向通行，施工期不做更改，故新江路影响较小）	牌楼路口西进口道打围南半幅，由双 4 变双 2，东进口双 4 变双 2，路口变小，影响较大	老沱桥封闭施工，新沱桥由单行变双行，沱江大桥车道数由双 6 变双 4，影响较大

牌楼路口打围后，环城路（交通路—和平街）路段减少两车道，变为双向两车道，既牌楼路交叉口西进口更改为双向 2 车道；东进口被分割为两个进口，分别为两车道，共计 4 车道。交叉口范围变小，最窄处宽度 10.5m，车辆行驶轨迹不畅，会变成城区交通的瓶颈点，如图 15-6 所示。

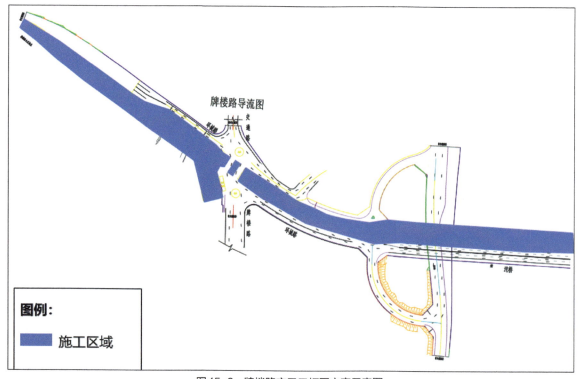

图 15-6 牌楼路交叉口打围方案示意图

老沱桥全封闭打围，甜城隧道交叉口禁止车辆进入老沱桥，进出车辆由新沱桥通行，既施工期新沱桥用于双向通行，如图15-7所示。

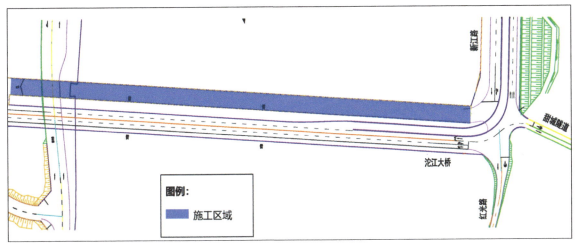

图 15-7 老沱桥打围方案示意图

15.1.2 区域道路交通现状分析

15.1.2.1 区域道路交通现状

如图15-8所示，从城市空间格局看，内江市主城区受沱江分割，各片区交通联系受制于过江通道，路网形态上蜂腰明显。内江市区主要的过江通道仅4条，分别为沱江大桥、西林大桥、桐梓坝大桥、新坝大桥；沱江大桥是南部唯一过江通道，承担着大量的过江交通和货运交通，北接市中区，东连东兴区和G321国道，西通厦蓉高速，是重要的东西干道。市中区的路网建设历史悠久，连通性较差，干道数量少、平行分流道路少。随着城市交通需求的快速增长，路网整体运行状态接近饱和，系统可靠性较差。

图 15-8 内江市区域道路分析图

根据现状调查，整个研究区域道路网中缺乏能对主干路进行有效分流的次干路系统。同时，区域内的支路不成网、不连续、断头路较多，通行能力一般。片区支路多为小街小巷，受路边占道停车和摆摊设点的影响，通行能力低，如图15-9所示。项目周边主要道路现状一览如表15-2所示。

表15-2 项目周边主要道路现状一览表

路段	道路等级	道路类型	道路宽度/m	设计速度/（km/h）	车道数	备注
沱江大桥	主干路	新桥一块板	15	40	单行4车道	
	主干路	旧桥一块板	12	40	单行2车道	车道较宽
西林大桥	主干路	一块板	12	40	双向2车道	车道较宽
桐梓坝大桥	主干路	两块板	25	60	双向6车道	
玉溪路	主干路	一块板	30	60	双向8车道	
公园街	主干路	一块板	21	60	双向6车道	
大洲路	主干路	一块板	21	60	双向6车道	
东桐路	主干路	一块板	20	60	双向6车道	
兰桂大道	主干路	一块板	21	60	双向6车道	
环城路	主干路	一块板	18	40	双向4车道	具有非机动车道
民族路	主干路	一块板	12	40	双向4车道	
新江路	次干路	一块板	21	40	双向4车道	部分路段还在施工
牌楼路	主干路	一块板	25	60	双向6车道	
交通路	次干路	一块板	12	40	双向2车道	车道较宽
沿江路	次干路	一块板	21	40	双向4车道	路侧施划停车泊位
北街	次干路	一块板	15	40	双向2车道	车道较宽
腾飞路	次干路	一块板	18	40	双向4车道	路侧施划停车泊位
新华路	支路	一块板	7	30	双向2车道	
文英街	支路	一块板	12	30	双向2车道	
南环路	支路	一块板	10	40	双向2车道	车道较宽
椿子路	支路	一块板	7	30	单行1车道	路侧停车
和平街	支路	一块板	10	30	双向2车道	

第15章 桥梁施工区交通组织设计实例

沱江大桥

环城路

图15-9 项目主要道路现状照片

15.1.2.2 现状交通流特征分析

1. 路网交通流特征分析

项目组于2019年3月19日、3月20日、3月21日，对研究区域内的主要道路和交叉口进行了交通流量调查，根据现状流量调查，环城路、交通路、北街等重要道路，目前交通需求已接近饱和，与之能力相近的平行分流道路较少。高峰时段市中区车流量主要集中于环城路、交通路、公园街，其中环城路部分路段高峰小时流量达到4000辆；东兴区车流量主要集中于东桐路、新江路；内江市跨区交通量大，高峰小时内通过沱桥、西林大桥、桐梓坝大桥总交通量接近10000辆。项目影响范围内主要道路早高峰服务水平分析见表15-3。

表15-3 项目影响范围内主要道路早高峰服务水平分析

道路名称	起止点	现状车道数	现状流量/(pcu/h)	现状通行能力/(pcu/h)	现状饱和度（V/C）	现状服务水平
沱江大桥	老沱桥	东向西单2	1486	3200	0.46	B
	新沱桥	西向东单4	1448	5600	0.25	A
环城路	交通路—和平街	双4+双非	3257	4800	0.68	C
	和平街—腾飞路	双4+双非	3148	4800	0.66	C
	腾飞路—南环路	双4+双非	2970	4800	0.62	C
	南环路—玉溪路	双4+双非	4094	5600	0.77	D
交通路	环城路—楗子路	双2	1284	2800	0.46	B
	楗子路—大洲路	双2	1808	2800	0.65	C
楗子路	全线	单1	218	1400	0.16	A

（续）

道路名称	起止点	现状车道数	现状流量/(pcu/h)	现状通行能力/(pcu/h)	现状饱和度(V/C)	现状服务水平
牌楼路	牌楼路	双6	1725	8400	0.20	A
新江路	全线	双4	2153	5600	0.38	A
沿江路	沱桥—文英街	双4	1284	5600	0.23	A
团结街	文英街—西林大桥	双4	922	5600	0.16	A
西林大桥	东桐路—大洲路	双2	4313	4000	1.07	F
东桐路	西林大桥—大千路	双4	3200	5600	0.57	B
	大千路—桐梓坝大桥	双6	4052	8400	0.48	B
桐梓坝大桥	全线	双6	3924	8400	0.47	B
民族路	东桐路—大洲路	双4	2306	5600	0.41	B
大洲路	民族路—西林大桥	双6	3200	8400	0.38	A
新华路	全线	双2	1220	2800	0.44	B
玉溪路	全线	双6	3330	8400	0.40	B
公园街	全线	双6	3300	8400	0.39	A

区域早高峰流量如图15-10所示。

图15-10 区域早高峰流量

同样，可对项目影响范围内主要道路晚高峰服务水平进行分析。

根据计算，内江市早高峰时段跨江通行交通量大，西林大桥饱和度大于1，属于驾乘人员不能够忍受的延误。环城路等主要道路部分路段饱和度大于0.7，通行能力低且交通流量大，服务水平为D级，接近不稳定车流，道路处于拥堵状态但可以忍受。交通路由南向北车流量较大，路段饱和度达到0.65，服务水平为C级。晚高峰相较于早高峰路网车流量有所减少，但西林大桥部分路段饱和度仍然达到0.96，服务水平为E级。虽环城路交通压力稍有缓解，但服务水平仍处于C级，道路通行不畅，具有一定的延误。路网早高峰饱和度分布如图15-11所示。

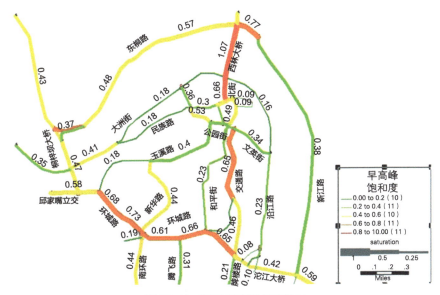

图15-11　路网早高峰饱和度分布

2. 交叉口交通流特性分析

通过对内江市重要交叉口实地调查，及老沱桥项目影响范围内关键节点分析，项目组获得了实际高峰交叉口的流量及通行能力。内江市老城区道路条件较差，存在较多畸形交叉口。大部分采用无信号控制，交叉口服务水平低，项目直接影响范围内环城路与南环路、和平路、交通路等交叉口现已接近饱和，甚至部分交叉口处于负荷状态，高峰时段节点拥堵延伸至线性拥堵。

对重点交叉口高峰时段进行分析，以

图15-12　环城路—玉溪路交叉口现状

环城路—玉溪路交叉口为例。如图 15-12 所示，环城路、玉溪路皆为内江市市中区干道，环城路为双向 4 车道，全局上横向连接沱江大桥及桐梓坝大桥，纵向连接市中区各条重要支路；玉溪路为双向 6 车道，西至东桐路与桐梓坝大桥衔接，东侧与干道公园街相连，经此交叉口上跨与东桐路、双洞路组成邱家嘴立交，向城区内外输送交通流，是内江市交通中枢。通过现场调查，现状早高峰交叉口流量达到最大，西进口高峰小时流率接近 2500pcu/h，交叉口服务水平为 D 级，出现延误但尚且可以忍受，晚高峰较早高峰有所缓解。环城路—玉溪路交叉口各进口流量及服务水平见表 15-4。

表 15-4 环城路—玉溪路交叉口服务水平分析

交叉口名称	时间	进口方向	现状车道数	高峰小时流量/(pcu/h)	通行能力/(pcu/h)	饱和度（V/C）	服务水平	交叉口饱和度	交叉口服务水平
环城路—玉溪路	早高峰	北	4	874	1467	0.60	C	0.74	D
		西	6	2496	3167	0.79	D		
		东	4	1734	2233	0.78	D		
	晚高峰	北	4	384	1467	0.26	B	0.52	C
		西	6	1956	3167	0.62	C		
		东	4	1238	2233	0.55	C		

内江市老城区道路条件较差，存在较多畸形交叉口。环城路沿线交通流量大，货车占比大，大部分采用无信号控制，交叉口服务水平低，如图 15-13 所示。早高峰表现尤为严重，环城路与南环路、和平路、交通路等交叉口服务水平为 E 级及以上，交叉口处于饱和状态，节点拥堵延伸呈线性拥堵。早高峰各交叉口服务水平分析见表 15-5。

图 15-13 早高峰关键交叉口服务水平

表 15-5 早高峰各交叉口现状服务水平分析

交叉口名称	实际流量 /（pcu/h）	通行能力 /（pcu/h）	饱和度（V/C）	服务水平
玉溪路—环城路交叉口	5104	6867	0.74	D
环城路—南环路交叉口	5906	5333	1.11	F
环城路—和平路交叉口	3356	3033	1.11	F
环城路—交通路交叉口	3705	4000	0.93	E
沱江大桥—新江路交叉口	3020	3520	0.86	E
环城路—沿江路匝道交叉口	1580	3600	0.44	B
交通路—桷子路交叉口	1770	2800	0.63	C

3. 区域货车现状分析

根据调查，项目直接影响范围内沱江大桥、环城路、牌楼路货车居多占比大。环城路大型货车接近 50 辆/h，环城路沿线各道路货车占比在 4%~14%。

如图 15-14 所示，早高峰在和平路至交通路路段货车占比接近 9%；晚高峰牌楼路货车占比达到 13.9%，环城路（和平路—交通路）货车占比 9.24%，与小汽车、非机动车混行，路段服务水平受较大影响。早高峰货车在区域内的路网交通流占比见表 15-6。

表 15-6 早高峰货车在区域内的路网交通流占比

时间	路段	车流量 /（pcu/h）	小型货车 /（辆/h）	大型货车 /（辆/h）	货车占比（%）
早高峰	环城路（玉溪路—南环路）	3790	36	49	4.01
	环城路（南环路—腾飞路）	2848	24	64	5.76
	环城路（腾飞路—和平路）	2894	40	72	7.05
	环城路（和平路—交通路）	2318	52	65	8.97
	牌楼路	1725	42	45	8.87
	沱江大桥	2934	42	45	5.21
	甜城隧道	1659	30	35	6.93

注："货车占比"中流量为换算成小汽车流量 pcu，换算系数小型货车为 1.5，大型货车为 2。

高峰时段，由甜城隧道进入城区，经沱桥、环城路横向穿越市中区的货车流量大，致使环城路沿线直行货车流量较大，大型货车接近 50 辆/h；和平路至交通路路段货车占比接近 9%，路段服务水平受较大影响，环城路沿线交叉口通行受东西方向货车影响严重。

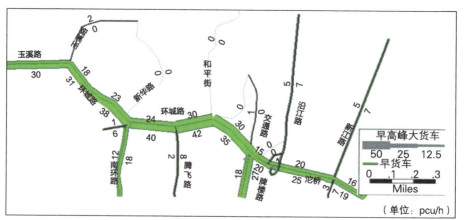

图 15-14 早高峰区域货车流量

牌楼路沿线具有较多的货运工厂，货车经牌楼路口转向，右转通过沱江大桥、甜城隧道出城或左转进入环城路，经玉溪路向外疏散；晚高峰时段货车占比达到 12.4%，其余各进口在 6% 左右，交叉口服务水平受较大影响。

市中区南部货车由腾飞路、南环路交叉口转向进入环城路后疏散。

4. 区域公交现状分析

根据调查统计，项目影响范围内具有 20 余条公交线路，公交覆盖率大，环城路、交通路重叠部分较多。区域公共交通现状主要有以下问题。

（1）公交车站位置设置不合理

公交车站设置距离交叉口位置过近，或直接设置于交叉口内部，严重影响行车轨迹及上下客安全。牌楼路路口设置的公交总站，如图 15-15 所示。

图 15-15 牌楼路路口设置的公交总站

（2）路侧公交车站占比过重

市中区主要为路侧公交车站，项目影响范围内各道路仅交通路、环城路为港湾式公共交通停靠站，其余皆为路侧式公交站。

5. 区域慢行现状分析

项目影响范围内，行人走路侧人行道，与机动车、非机动车分离。交叉口施划人行过街横道线，供行人过街通行。现状仅环城路设置了非机动车专用道，其余全部采用非机混合车道，交叉口通行较为混乱，行人、非机动车、机动车混行严重

15.1.3 施工期交通影响分析

1. 受影响交通种类分析

从整个区域的现状交通流向和交通流量来看，受本次打围施工影响的交通流主要有三类：通过性交通、跨区交通、内部交通。

1）通过性交通：主要是厦蓉高速、昆渝高速、G312 广成线经过内江市中区的交通流。

2）跨区交通：主要是以市中区南部和东兴区南部为起讫点，也就是跨沱江的交通流。

3）内部交通：主要是指市中区内部环城路片区的出行交通流。

根据调查，通过性交通和跨区交通需要通过沱江大桥、西林大桥、桐梓坝大桥，以及对应的连接线环城路、大洲路、北街、东桐路来实现；内部交通主要通过环城路、交通路，以及市中区内部连通性较好的次支道路实现。

2. 直接影响车道分析

根据施工打围方案，从下面的统计表可以看出，沱桥施工打围瓶颈路段直接影响车道数减少35%左右，打围路段通行能力下降48%左右，致使道路绕行车辆增加，会对老城区的骨干路网以及各交叉口产生较大影响。如果应对不当，会造成沱桥片区交通产生长时期，瘫痪性的拥堵，并对其他道路网产生辐射性影响，造成总体区域通行能力下降。瓶颈路段车道数变化情况见表15-7。

表15-7 瓶颈路段车道数变化情况

路段	现状车道数	通行能力 /(pcu/h)	现状交通量 /(pcu/h)	施工期间车道数	施工期间通行能力 /(pcu/h)	施工期交通量 /(pcu/h)
新沱桥	单4	5600	1486	双4	5600	2934
老沱桥	单2	3600	1448	全封闭施工	0	0
环城路（沱江大桥—交通路）	双6	8400	2867	双4	4800	2867
环城路（交通路—和平街）	双4	5600	2318	双2	2400	2318
合计	16	23200	8119	10	12800	8119

3. 直接影响交叉口分析

老沱桥全封闭打围对沱江大桥—沿江路匝道交叉口和沱江大桥—新江路交叉口造成直接影响。下面以沱江大桥—沿江路匝道交叉口为例分析，如图15-16所示。

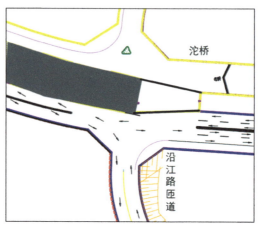

图15-16 沱江大桥—沿江路匝道交叉口打围影响分析

现状新沱桥4车道单向通行，西进口为2车道单向通行，匝道为2车道双向通行。打围后原老沱桥东向西车流借新沱桥行驶，新沱桥由单向4车道更改为双向4车道，原西进口单向2车道更改为双向2车道，匝道交通组织保持不变，此交叉口交通流成倍增加。东进口、西进口饱和度分别为1.98、1.85，服务水平为F，严重拥堵，高峰时段基本无法通行。沱江大桥—沿江路匝道交叉口打围后服务水平分析见表15-8。

表15-8 沱江大桥—沿江路匝道交叉口打围后服务水平分析

交叉口名称	时间	进口方向	打围后车道数	高峰小时流量/(pcu/h)	通行能力/(pcu/h)	饱和度(V/C)	服务水平	交叉口饱和度(V/C)	交叉口服务水平
沱江大桥—沿江路匝道交叉口	早高峰	西	1	1390	750	1.85	F	1.80	F
		南	1	190	200	0.95	F		
		东	2	1486	750	1.98	F		
	晚高峰	西	1	1033	750	1.38	F	1.46	F
		南	1	140	200	0.70	D		
		东	2	1308	750	1.74	F		

4. 跨江通行能力影响分析

由于沱桥施工期间通行能力下降，致使道路绕行车辆增加，会对老城区的骨干路网以及各交叉口均产生较大影响。西林大桥和沱三桥流量总和会增加15%。跨江通道交通量及饱和度能力前后对比分析见表15-9和表15-10。

表15-9　跨江通道施工前后对比分析

影响桥梁	车道数	通行能力/(pcu/h)	现状流量/(pcu/h)	饱和度(V/C)	施工期流量/(pcu/h)	饱和度(V/C)
西林大桥	双向2	4000	4323	1.08	4755	1.19
桐梓坝大桥	双向6	8400	4205	0.5	4408	0.52

表15-10　跨江通道南侧交叉口施工前后对比分析

影响桥梁—交叉口	通行能力/(pcu/h)	现状流量/(pcu/h)	饱和度(V/C)	现状服务水平	施工期流量/(pcu/h)	施工期饱和度(V/C)	施工期服务水平
西林大桥—北街交叉口	4800	4687	0.98	F	5155	1.07	F
桐梓坝大桥—民族路交叉口	5600	5040	0.9	E	5292	0.95	F

5. 直接影响货运交通分析

沱桥、环城路施工打围导致车道压缩、通行能力下降、交叉口面积锐减及行车轨迹不流畅等，对货车的通行、转向造成一定的影响。

如图15-17所示，新江路与沱桥交叉口东西向货车流量大，老沱桥打围后，交叉口道路中线错位，东西向直行行车轨迹为S形。虽然满足货运车量转弯半径，但行车轨迹不畅，货车在此通过交叉口速度慢、并骑压对向车道，具有安全隐患。

图15-17　新江路—沱桥交叉口东西向直行轨迹示意图

6. 直接影响公共交通分析

老沱桥、环城路施工打围导致车道压缩、通行能力下降、公交车转弯半径大等因素，导致公交车在施工打围路段行驶速度慢，易产生拥堵，准点率降低。

7. 直接影响慢行交通分析

（1）行人交通影响

老沱桥施工打围，行人借由新沱桥通行。新沱桥仅南侧具有人行专用道，施工期间行人通过沱桥全部由南侧行人专用通道通行。

行人过街影响主要集中于沱江大桥—沿江路匝道交叉口、沱江大桥—新江路交叉口的行人过街。施工打围后，交叉口面积锐减且道路中心线错位，行车轨迹混乱，行人过街与机动车、非机动车冲突严重，具有安全隐患。

（2）非机动车交通影响

环城路（交通路—和平路）路段非机动车流量大，其余路段机非混行，影响服务水平且具有安全隐患。

15.1.4 施工期交通组织设计方案

1. 远端分流

施工期间需要在施工区域周边增加告知标志，用以宣传告知居民。如图 15-18 所示，路网施行远端分流标志及强制分流来实现施工期分流。强制分流主要针对超过限制高 4.2m 的车辆。主要通过各类媒介事先预告，及交通标志诱导交通。交通分流标志设置原则如下。

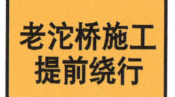
a）远端分流标志

b）强制分流标志

图 15-18 分流标志

如图 15-19 所示，如果路口有现状标志牌，则远端分流指示牌设置在现状标志牌上游 30m 处。如果路口无现状标志牌，则远端分流指示牌设置在距离路口 50~80m 内。

第15章 桥梁施工区交通组织设计实例

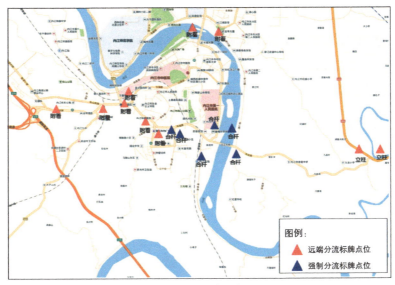

图 15-19 分流示意图

2. 路网组织

力保市中区跨沱江交通能够快速疏散，避免交通回堵至市中区，将施工打围的交通影响控制在沱江大桥东桥头，交通组织与工程施工相配合，保障各项工程的顺利施工，同时将对交通的影响降到最低，争取关键交叉口的直行交通通行能力不发生明显下降，保障周围交通安全，降低安全隐患。区域交通组织示意如图 15-20 所示。

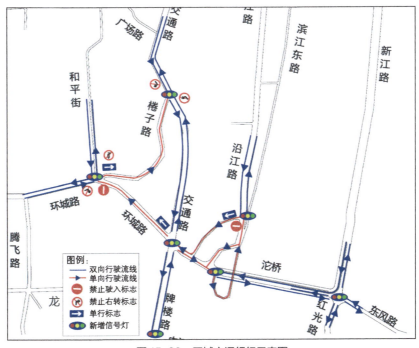

图 15-20 区域交通组织示意图

1）环城路（和平街至交通路路段）由原双向4车道更改为东向西2车道单向通行，棬子路保持西向东单行，环城路西向东方向车流经棬子路实现分流转向。

2）沱江大桥—沿江路匝道由原双向2车道更改为南出口单行，沿江路支路（黄桷井市场客运站）北向南单向。沱江大桥东向西方向车流通过沿江路匝道进入沿江路后，驶入沿江路支路进入环城路—交通路交叉口完成转向。充分利用沿江路分担交通路交通压力。

3）环城路—和平街、交通路—棬子路交叉口、交通路—环城路交叉口、沱江大桥—下沿江路匝道口、沱江大桥—新江路交叉口处、牌楼路、沿江路、增设7处信号灯，其中交通路—环城路交叉口、沱江大桥—下沿江路匝道口、环城路路段实施信号联动控制。

3.交叉口优化

以牌楼路路口交叉口为例，说明交通组织措施。此路口南北进口道转向交通基本保持现状，如图15-21所示。

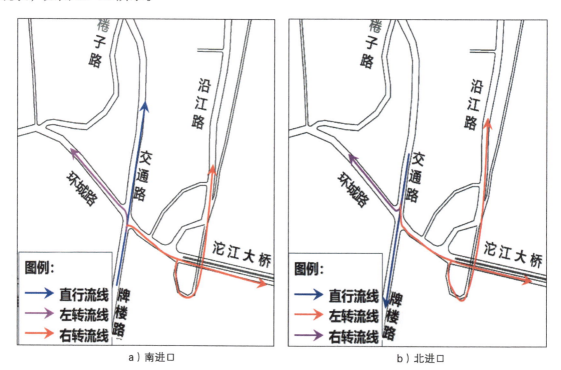

图15-21 牌楼路口转向示意图

牌楼路路口东进口道交通流，通过沱江大桥匝道，绕行至黄桷井市场客运站匝道进入环城路，然后驶入各个方向。牌楼路路口西进口道交通流，通过棬子路单行至交通路，然后驶入各个方向，如图15-22所示。牌楼路路交叉口南进口、东进口车道数保持不变，车道功能调整，东进口1右2直1左掉，西进口单行出，北进口2进1出。

第15章 桥梁施工区交通组织设计实例

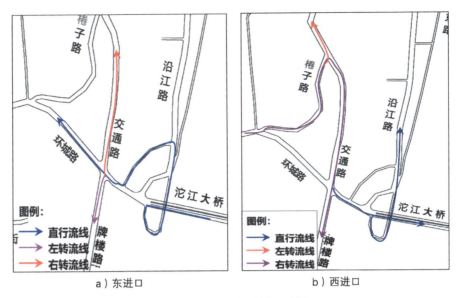

a) 东进口   b) 西进口

图15-22 牌楼路口转向示意图

牌楼路路口及沱江大桥上下桥匝道交通组织设计如图15-23所示。黄桷井市场客运站匝道转弯半径不足，大货车行驶困难，建议打开沿江路匝道，仅供大货车和施工车通行；增设3个施工期指路标牌（图15-24）；交通路—环城路交叉口、环城路下桥匝道—沱江大桥交叉口增加信号控制，采用协调控制，防止流量溢出。沿江路—黄桷井市场客运站匝道增加临时太阳能信号灯指示灯、四面通行多相位红绿灯；牌楼路交叉口打围方式为通透式围挡，保证视线良好。

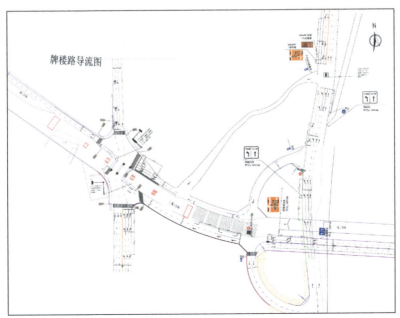

图15-23 牌楼路路口及沱江大桥上下桥匝道交通组织设计

牌楼路交叉口信号配时：周期150s（右转不限）；第一相位65s，北进口直行、左转放行；西出口、东进口行人放行；第二相位50s，东进口直行、左转放行；北进口、南进口行人放行；第三相位20s，南进口直行、左转放行；东出口、东进口行人放行

图 15-24 沱江大桥桥头交通诱导标志

4. 公交管理

公交停靠站应设置在交叉口出口道。以甜城隧道交叉口公交站点为例，甜城隧道公交站点调整前示意如图 15-25a 所示，调整后示意如图 15-25b 所示。

1）新江路进口道和出口道的沱桥北站调整至北向匝道口处，绕行距离增加了350m，新江路北匝道口处施工打围北移20m，预留足够的公交停靠区域；

2）甜城隧道交叉口右转公交车通过上匝道实现右转。

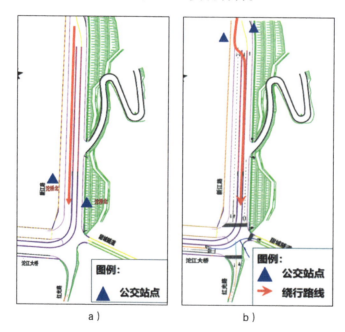

图 15-25 甜城隧道公交站点调整前示意图和调整后示意图

5. 慢行交通

行人过街。在施工打围区域为过街行人设置人行横道及交叉口人行专用通道，不得与车辆混行。牌楼路交叉口结合施工打围方案，分析路段剩余人行道空间是否满足人行道最低宽度要求，交叉口行人过街空间调整位置如图 15-26 所示。

道路较窄处禁止非机动车逆行,组织非机动车绕行。西向东非机动车同机动车棬子路绕行,经交通路进入牌楼路交叉口完成转向,不得逆行进入环城路,如图 15-27 所示。

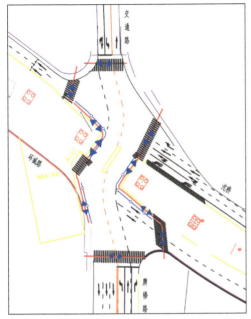

图 15-26　牌楼路交叉口打围后行人过街空间示意图

图 15-27　牌楼路交叉口非机动车绕行示意图

6. 停车管理

区域停车调整前示意如图 15-28a 所示,区域停车调整后示意如图 15-28b 所示。

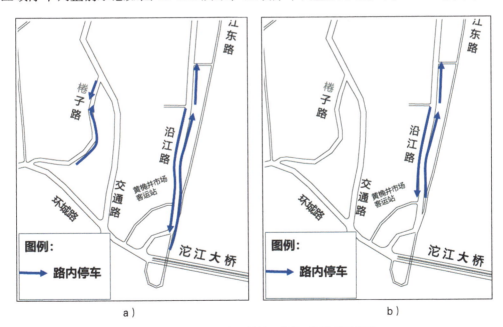

a)　　　　　　　　　　　　　　b)

图 15-28　区域停车调整前示意图和调整后示意图

233

榉子路停车位取缔，榉子路由现状的一车道更改为两车道，保障环城路西向东车流经过榉子路实现分流转向。沿江路停车位取缔（沿江路匝道至沿江路支路匝道口处），提升沿江路通行能力，保障沿江路与沿江路支路T形交叉口转弯半径。

7. 交安设施

如图 15-29 所示，根据交通组织方案，补齐各路段、交叉口标志标线。为保证新沱桥对向车辆行驶安全，沱江大桥新桥增加隔离设施，隔离长度 490m。

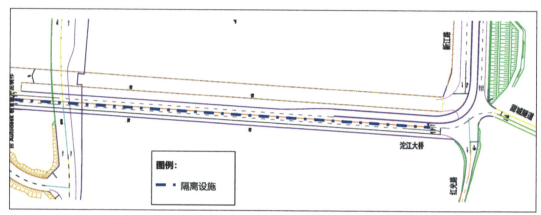

图 15-29　沱江大桥新桥隔离设施增设示意图

8. 加强管控

为应对施工期紧急交通状况，保证交通正常运行，不出现局部交通瘫痪，需部署相关警务人员应对高峰和紧急交通状况，建议部署点如图 15-30 所示。

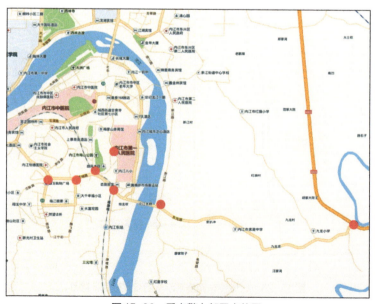

图 15-30　重点警力部署点位图

15.2 立交桥梁施工区交通组织设计实例

15.2.1 施工项目概述

15.2.1.1 项目概述

如图 15-31 所示，重庆金兴大道悦来立交段修复工程位于金兴大道悦来段（嘉悦大桥南桥头至万科未来星光开口），包括悦来立交、张家溪大桥，长度约 2.5km。施工期间对该路段进行"大修养护"。金兴大道（尤其是悦来立交、张家溪大桥）是衔接"北碚—蔡家—礼嘉/悦来—人和"等片区的重要联系通道，项目施工将对所在道路周边交通产生较大影响，因此进行施工期间交通组织方案研究十分必要。通过编制施工期间交通组织方案，力争实现尽可能降低施工对项目周边区域交通的负面影响，以及保障施工期间人、车通行安全、有序、顺畅这两个目标。

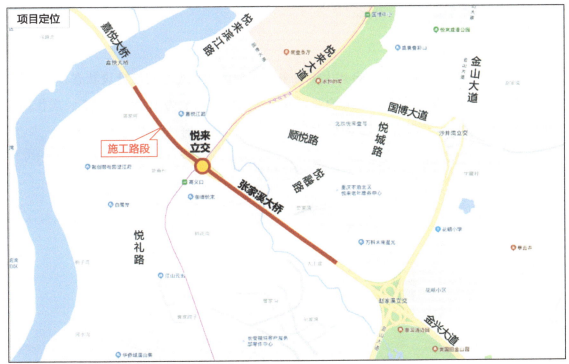

图 15-31　项目区位图

15.2.1.2 项目范围

项目重点研究范围为："金兴大道—金山道—国博大道—悦来滨江路"所围合的区域，面积约 4.1km²。影响范围如图 15-32 所示。

图 15-32　影响范围

15.2.2　项目周边现状分析

1. 周边用地

如图 15-33 所示，项目位于金兴大道悦来段，片区用地处于持续建设状态，以居住、文化设施用地为主，兼有绿化、配套商业设施。文化设施用地为国际博览中心，居住用地包括棕榈泉悦江国际、嘉悦江庭、龙樾生态城、碧桂园望江府、御璟悦来等。

图 15-33　项目周边用地现状图

2. 周边路网

如图 15-34 所示，项目附近以快速路、主干路为主，其中快速路、金兴大道（双 6）、金山大道（双6）等；主干路、悦来大道（双6）、国博大道（双6）、悦来滨江路（双6）等；次干路、顺悦路（双6）等。

图 15-34　项目周边路网布局现状图

3. 周边开口

如图 15-35 所示，项目周边的主要车行开口主要集中在快速路及主干路沿线，主要影响的开口有 3 处：开口 1，为嘉悦江庭（西南门）停车场"右进右出"开口；开口 2，为单进口，连接金兴大道；开口 3，为"右进右出"开口，连接中咀河樟园。

图 15-35　项目周边车行开口分布图

4. 公共交通

轨道交通。如图 15-36 所示，线路 1 条：轨道 6 号线国博线；站点 2 个：高义口站、国博中心站。本次施工中轨道交通站点不受影响。

图 15-36　项目周边轨道交通现状图

地面常规公交。站点数量：1 对（轨道高义口站）；途径线路 4 条：555 路、559 路、572 路、965 路。公交线路均受影响。555/559 路公交走向示意如图 15-37 所示。

图 15-37　555/559 路公交走向示意图

5. 人行设施

过街设施，两组人行横道（悦来立交平交口、高义口轻轨站路段），其中悦来立交平交口有完善的二次过街设施及信控设施；路侧人行道，金兴大道沿线双侧均布设有人行横道，人行道宽度约 4~8m。施工片区现状人行设施条件相对完善，满足人行通行需求。项目周边现状人行设施布局示意如图 15-38 所示。

图 15-38　项目周边现状人行设施布局示意图

6. 交通管理

项目周边道路主要分布有 10 处信控路口和 1 处路段信控设施，其余均为非信控路口。信控路口、悦来立交平交口、高义口转盘、悦来大道/顺悦路交叉口、国博立交平交口等；路段信控、赵家溪立交北侧调头；非信控路口、顺悦路/云竹路交叉口等。项目周边节点交通管理情况如图 15-39 所示。

图 15-39　项目周边节点交通管理情况示意图

7. 交通运行

（1）路段

片区早晚高峰期间交通流量相对较大。金兴大道，路段高峰小时单向流量约2700~4500pcu/h，除园博园段外，交通整体运行顺畅、有序；其余路段，交通量相对更小，交通运行畅通。项目周边路段交通运行情况示意如图15-40所示。

图15-40　项目周边路段交通运行情况示意图

（2）交叉口

悦来立交平面交叉口早、晚高峰运行情况大致相当，延误约33s左右，处于C级服务水平，部分进口路段交通流向相对较大。悦来立交平面交叉口高峰期间交通流量流向示意如图15-41所示。

图15-41　悦来立交平面交叉口高峰期间交通流量流向示意图

（3）路网

项目片区早、晚高峰期间，道路交通运行稳定、相对有序，除金兴大道园博园段外，路段饱和度相对不高。悦来立交平面交叉口延误均处于 C 级服务水平。项目周边路段高峰期间交通运行情况示意如图 15-42 所示。

图 15-42　项目周边路段高峰期间交通运行情况示意图

15.2.3　推荐交通组织方案

15.2.3.1　交通组织原则与要求

组织原则：尽量不断道、不改变主流向，降低施工对主线交通运行效率的影响；疏导为主，管制为辅；保障公交、行人通行需求，方便广大市民出行；保障施工期间交通有序、安全运行。

组织要求：占道施工路段允许通行的车道应满足安全通行的要求；制定完善的交安设施布设方案，降低交通事故率或其他突发事件导致的交通拥堵发生率；在保障交通安全有序通行的前提下，尽可能节省投资。

项目施工阶段示意如图 15-43 所示。金兴大道施工期间主线为"6 车道→4 车道"，总工期 100 天，施工分为 6 个阶段进行。

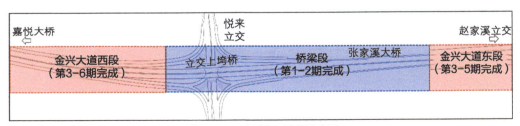

图 15-43　项目施工阶段示意图

中间桥梁段：因施工技术需要，张家溪大桥分2个阶段施工。每次封闭半幅，剩余半幅为"双4通行（每车道3m）"，同时桥梁段实施"24小时限货"。

两端路段：分4个阶段施工。按"2条最外侧车道→2条最内侧车道→2条中间车道→分/合流端"的顺序进行施工。

1. 桥梁段

一期，20天，施工张家溪大桥南半幅，主线车道"双6-双4（单车道宽3m）-双6"；二期，20天，施工张家溪大桥北半幅，组织方式与一期类似。一期、二期施工期间主线交通组织示意如图15-44所示，图中数值为单向车道数量。

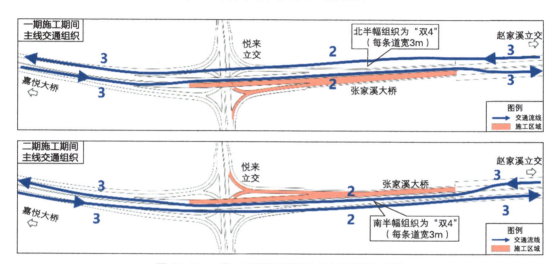

图15-44 一期、二期施工期间主线交通组织示意图

2. 两端路段

三期，15天，施工两端路段最外侧车道，主线车道"双6-双4-双6-双4-双6"；四期，15天，施工两端路段最内侧车道，组织方式与三期类似。三期、四期施工期间主线交通组织示意如图15-45所示。五期，15天，施工两端路段最内侧车道，主线车道"双6-双4-双6-双4-双6"；六期，15天，施工西段路段立交分/合流端部，主线车道"双6-双4-双6"。五期、六期施工期间主线交通组织示意如图15-46所示。

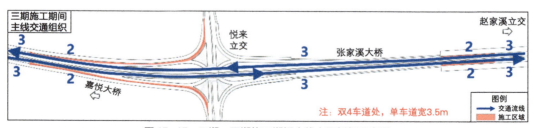

图15-45 三期、四期施工期间主线交通组织示意图

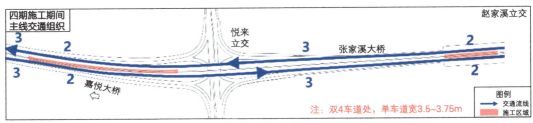

图 15-45　三期、四期施工期间主线交通组织示意图（续）

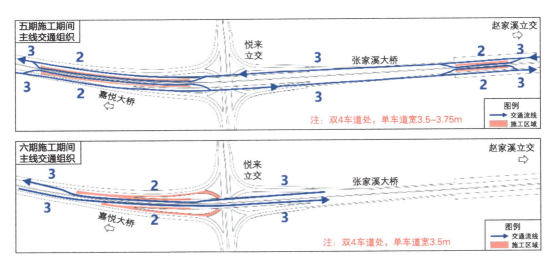

图 15-46　五期、六期施工期间主线交通组织示意图

15.2.3.2　交通组织方案

1. 预备期交通组织设计方案

实施内容：改造中分带为车行道，为一期转换做准备，占用中分带两侧各 1 条车道（3.5m）；交通组织与现状一致。预备期实施内容示意如图 15-47 所示。

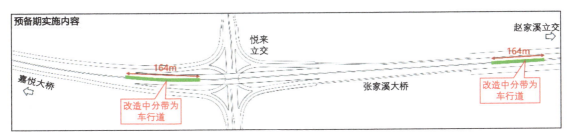

图 15-47　预备期实施内容示意图

2. 一期施工交通组织设计方案

一期施工封闭区域示意如图 15-48 所示。

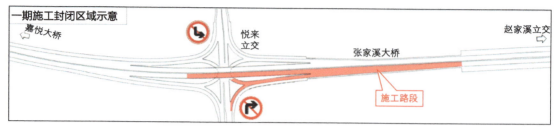

图 15-48 一期施工封闭区域示意图

（1）机动车组织

因施工导致部分转向禁行后的车辆绕行，悦来立交南进口禁右后绕行路径如图 15-49a 所示：悦来立交南进口（直行）→悦来大道→国博立交（右转）→国博大道→沙井湾立交（右转）→金山大道→赵家溪立交（左转）→金兴大道。

a）南进口　　　　　　　　　　　　　b）北进口

图 15-49　悦来立交南进口禁右后绕行路径图和悦来立交北进口禁左后绕行路径

悦来立交北进口禁左后绕行路径如图 15-49b 所示：

1）悦来大道与顺悦路交叉口北进口（左转）/西进口（直转）→顺悦路→金山大道→赵家溪立交（左转）→金兴大道。

2）悦来大道与国博大道交叉口北进口（左转）/西进口（直转）→国博大道→沙井湾立交（右转）→金山大道→赵家溪立交（左转）→金兴大道。

因施工导致立交车道变窄后的车辆绕行，针对张家溪大桥单幅双通后，车道变窄、通行能力下降，对桥梁段进行限货后，货车绕行路径如图 15-50 所示。

1）蔡家→园博园分流路径：嘉悦大桥→高义口转盘→悦来大道→国博立交（右转）→国博大道→沙井湾立交（右转）→金山大道→赵家溪立交（左转）→金兴大道；

2）园博园→蔡家分流路径：金山大道/金兴大道→赵家溪立交→金山大道→沙井湾立交（左转）→国博大道→国博立交（左转）→悦来大道→悦来立交（右转）→嘉悦大桥。

图15-50　一期张家溪大桥禁货后货车交通流线

（2）人行组织

如图15-51所示，00:00—06:00临时占用悦来立交东南象限两处人行横道线施工；06:00—00:00正常通行。

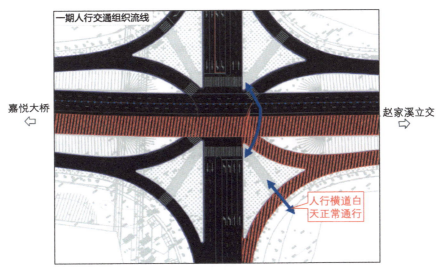

图15-51　一期人行交通组织流线

（3）公交组织

需调整3条线路：555、559路，北碚→园博园方向，不经停轨道高义口站；965路，国博中心→园博园方向，不停靠高义口站，改走"国博大道—金山大道"，如图15-52所示。

图15-52　965路现状走向与调整后走向对比示意图

（4）施工车辆组织

西端：经金兴大道直行进入；东端：经金兴大道右转进入，直行驶出。进出时间：整个项目期间（1-6期），建议施工车辆夜间（22:00—06:00）进出。一期施工车辆进出流线如图15-53所示。

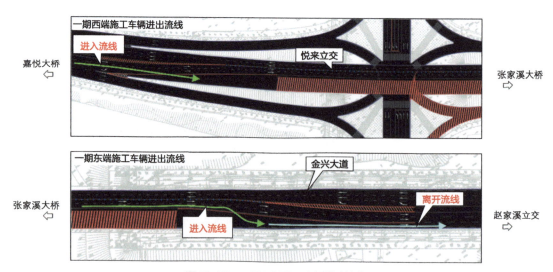

图15-53　一期西端施工车辆进出流线

其他阶段交通组织方案制定思路、方法与一期相同，均从车行组织、人行组织、公交组织、施工车辆组织四个方面进行。注意：需对诱导分流沿线的信号灯进行配时配相优化。

3. 三期施工交通组织设计方案

由于三期施工涉及开口组织，此处重点讨论。三期施工封闭区域示意如图15-54所示。

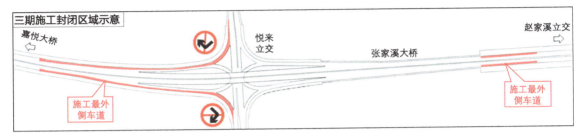

图15-54 三期施工封闭区域示意图

（1）嘉悦江庭地面停车场开口

先施工开口北半幅路段（约7.25m宽），保障双通；再施工开口南半幅路段（约7.25m宽），保障双通。嘉悦江庭地面停车场开口组织示意如图15-55所示。

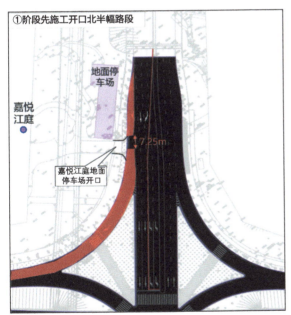 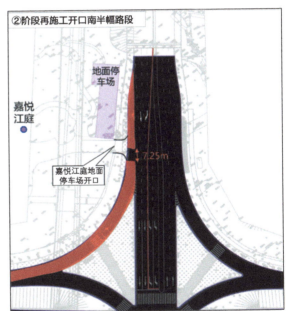

图15-55 嘉悦江庭地面停车场开口组织示意图

（2）万科未来星光销售中心开口（单进）

白天铺钢板正常通行，夜间（22:00—06:00）正常施工。万科未来星光销售中心开口（单进）组织示意如图15-56所示。

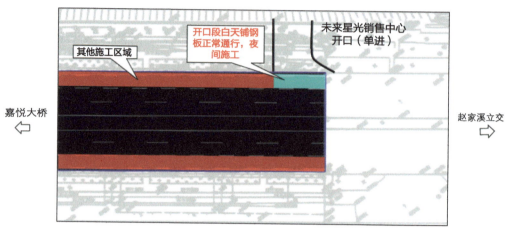

图 15-56　万科未来星光销售中心开口（单进）组织示意图

15.2.4　配套交安设施设计

参考相关参考规范、标准，对作业区和交安设施进行设置，方案如下。

1. 预备期

主线交安设施如下：距施工渐变段 1km，设 1km 施工预告标志（含附爆闪灯）；距施工渐变段 500m，设施工改道标志（含附爆闪灯）；距施工渐变段 400m，设分级限速标志（60km/h）；距施工渐变段 300m，设 300m 施工预告标志（含附爆闪灯）；距施工渐变段 100m，设限速与施工预告组织标志（含附爆闪灯，限速 40km/h）；施工渐变段，设线形诱导标；缓冲区，设限速标志（40km/h）、路栏；结束区，设施工结束标志、恢复限速标志（80km/h）或解除限速标志（40km/h）。预备期交安设施平面布置如图 15-57 所示。

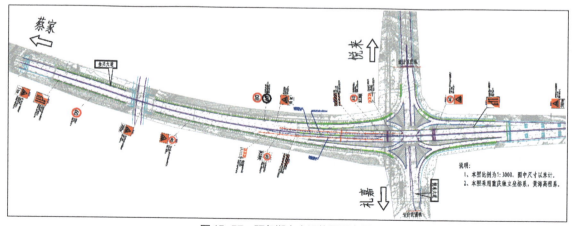

图 15-57　预备期交安设施平面布置

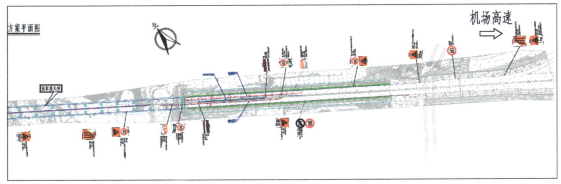

图15-57 预备期交安设施平面布置（续）

交通维护人员安排，4个岗（每日三班倒）。预备期交通维护人员点位分布如图15-58所示。

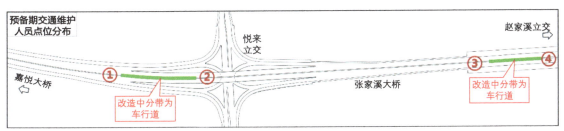

图15-58 预备期交通维护人员点位分布

2. 一期施工

主线限货分流诱导标志包括主线限货标志、限货绕行标志。主线限货分流诱导标志布置如图15-59所示。

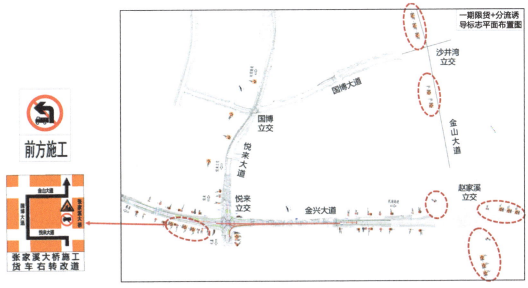

图15-59 主线限货分流诱导标志布置

路口转向封闭绕行诱导标志包括悦来立交北进口左转封闭绕行引导标志、悦来立交南进口右转封闭绕行引导标志。路口转向封闭绕行诱导标志布置如图15-60所示。

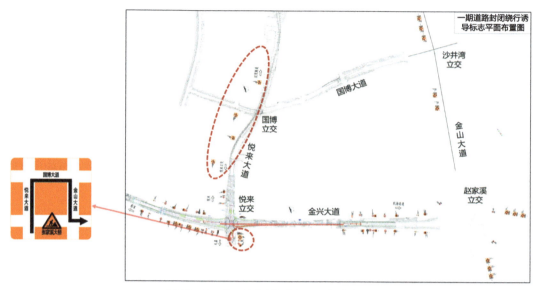

图15-60 路口转向封闭绕行诱导标志布置

主线交安设施与预备期相同，一期交安设施平面布置如图15-61所示。

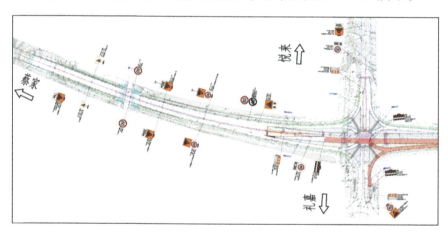

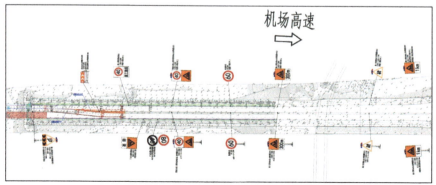

图15-61 一期交安设施平面布置

3. 交通维护人员安排：2个岗（每日三班倒）

一期交通维护人员点位分布如图15-62所示。

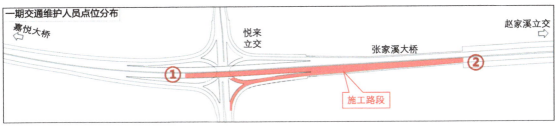

图15-62　一期交通维护人员点位分布

其他阶段作业区、交安设施设置思路、方法与一期相同，均从主线限货分流诱导标志设置、路口转向封闭绕行诱导标志设置、主线交安设施、交通维护人员安排四个方面进行考虑。

参考文献

［1］ 国家市场监督管理总局，国家标准化委员会.道路交通标志和标线 第2部分：道路交通标志：GB 5768.2—2022［S］.北京：中国标准出版社，2022.

［2］ 中华人民共和国国家质量监督检验检疫总局，中国国家标准化委员会.道路交通标志和标线 第3部分：道路交通标线：GB 5768.3—2009［S］.北京：中国标准出版社，2009.

［3］ 中华人民共和国公安部.城市道路施工作业交通组织规范：GA/T 900—2010［S］.北京：中国标准出版社，2010.

［4］ 国家市场监督管理总局，国家标准化委员会.道路交通标志和标线第4部分作业区：GB 5768.4—2017［S］.北京：中国标准出版社，2017.

［5］ 中华人民共和国住房和城乡建设部.建设项目交通影响评价技术标准：CJJ/T 141—2010［S］.北京：中国建筑工业出版社，2010.

［6］ 中华人民共和国住房和城乡建设部，国家市场监督管理总局.城市道路交叉口规划规范：GB 50647—2011［S］.北京：中国建筑工业出版社，2012.

［7］ 中华人民共和国住房和城乡建设部.城市道路工程设计规范（2016年版）：CJJ 37—2012［S］.北京：中国建筑工业出版社，2016.

［8］ 王炜，过秀成.交通工程学［M］.北京：人民交通出版社，2000.

［9］ 张起森，张亚平.道路通行能力分析［M］.北京：人民交通出版社，2002.

［10］ 徐吉谦.交通工程总论［M］.北京：人民交通出版社，1991.

［11］ 中华人民共和国住房和城乡建设部，中华人民共和国国家质量监督检验检疫总局.无障碍设计规范：GB 50763—2012［S］.北京：中国建筑工业出版社，2012.

［12］ 中华人民共和国住房和城乡建设部.城市道路路线设计规范：CJJ 193—2012［S］.北京：中国建筑工业出版社，2012.

［13］ 美国交通研究委员会.道路通行能力手册［M］.任福田，刘小明，荣建，等译.北京：人民交通出版社，2007.